회의문화 혁신

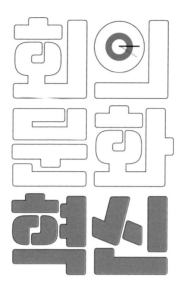

회의 문화 혁신

최익성 지음

 플랜비디자인

가짜회의를 진짜회의로 바꾸는 여정:
회의문화 혁신

'말은 흩어지고, 글을 남는다'를 알기 때문에 글을 씁니다. 수려하게 글을 쓸 줄 아는 재주를 타고나지 않았지만, 글이 어떤 가치를 가지고 있는지 알기에 남기는 것에 주저함이 없기 위해 노력하면서 살고 있습니다. 특히 회의를 바꾸는 일에 대한 글은 많지 않기 때문에 더욱 남기는 것에 대한 사명감을 느낍니다.

다년간 리더십, 문화, 팀과 관련한 컨설팅과 강의를 하면서 변하지 않는 것들과 그럼에도 변해야 하는 것들에 대해서 많은 생각을 하게 되었습니다. 수직을 수평을 바꾸는 일, 보고와 회의를 바꾸는 일이 단순한 듯하면서 참 어려운 것임을 직접 목격하고 경험했습니다. 내가 할 수 있는 최선을 다했지만, 다시 원상태로 돌아가는 모습을 보며 좌절하기도

했습니다. 방법적인 문제가 아니라 관점과 철학의 문제임에도 불구하고 프로세스나 인프라만 바꾸는 것으로 해결하려고 하는 사례를 수없이 봤습니다.

회의를 바꾸는 일은 조직의 일하는 방식, 사람을 대하는 태도, 일을 대하는 태도, 리더십 스타일, 갈등관리 방식, 문제해결 방식, 의사결정 방식 등을 모두 포함하는 포괄적 작업입니다. 특강이나 교육프로그램 몇 번으로 해결할 수 없다는 것을 알면서도 현실적 장벽 때문에 우리는 포기하기 일쑤였습니다. 작은 시도들에 만족했습니다. 그러나 필자에게 의뢰했던 많은 기업은 이벤트에 그치지 않기 위해 노력했고, 현재도 하고 있으며, 앞으로도 해나갈 계획이라고 합니다. 회의를 바꾸는 것은 단순히 회의실에 원칙을 예쁘게 만들어서 걸어두는 일이 아니며, 1시간 룰을 정하고 시간이 되면 '자 끝냅시다.'라고 말하는 것이 아니라는 것을 아는 조직들은 조금 더 깊은 노력을 하고 있습니다. 그 깊은 노력에 참여하는 과정에서 배운 것들을 글로 남겨야 누군가가 시행착오 없이 회의문화 혁신 프로젝트를 할 수 있다는 것을 알기에 이렇게 글을 씁니다. 회의를 바꾸는 일은 '목을 걸고 하는 일'이라고 생각합니다. 무언가 바꾼다는 것은 그리 쉬운 일이 아닙니다. 특히 회의는 모든 관계의 상하가 극명하게 드러나고, 힘의 높낮이를 잘 파악할 수 있는 곳이니 더욱 그렇습니다. 수평으로 바꾸는 일은 누군가 용기 있는 행동을 하는 사람들에 의해서 가능한 일이라 믿습니다. 이 글을 읽는 용기 있는 독자의 행동에 경의를 표합니다.

2015년 회의문화 관련 프로젝트를 처음 시작한 이후 꾸준한 관심으로 다양한 회의문화 혁신 프로젝트과 강의를 하게 되었습니다. 그 과정에서 '가짜회의 당장 버려라'는 독자들과 클라이언트의 관심과 사랑을 많이 받았습니다.

'가짜회의 당장 버려라'는 글을 쓰는 것이 얼마나 힘든 일인지, 한 권이 책이 얼마나 중요한 역할을 하게 되는지 알게 해주는 소중한 책입니다. 개인적으로 처녀작이기도 하기에 그 애정이 남다릅니다. 이 책을 기반으로 저와 플랜비디자인은 대기업, 외국계 기업, 중견기업을 대상으로 다양한 회의문화 진단과 컨설팅, 회의 모니터링과 코칭, 워크숍과 강연, 강의를 했습니다.

출판사의 사정으로 이 책이 절판된다는 소식을 듣고 초록물고기 이정학 대표님께 부탁하여 저작권을 넘겨받았습니다. 디자인 파일까지 흔쾌히 보내주셔서 작업하는 것이 수월하였습니다.

개정판이지만 기존 내용에 충실했습니다. 필자가 생각하는 개선 프로젝트의 프로세스가 변함이 없기 때문입니다. 세 가지 부분에서 변화를 꾀하였습니다.

가장 큰 변화는 친절함을 더한 것입니다. 문어체 방식으로 기술된 글을 경어체로 바꾸었습니다. 기존에 책을 기술할 때는 무조건 이렇게 해야한다고 다소 강조하고 있다는 생각이 들었습니다. 경어체로 바꾸고 나니 제언하는 느낌이 들고, 딱딱한 내용이 조금 부드러워졌습니다. 필자는 우리의 회의에도 부드러움이 가득하길 바라는 마음입니다.

　두 번째는 '회의결행'에 대한 부분입니다. 이 책에서 진짜회의를 회의결행이라고 합니다. 기존에는 '결'을 결론과 결정 두 가지 관점에서 혼재하여 사용하였습니다. 특히 회의결행의 '결'은 맺을 결結이 아닌 결단할 결決을 사용했습니다. 결론 내는 것과 결정하는 것은 다른데 이것을 비슷하게 사용한 것입니다.

　회의에서 결론과 결정에 대해서 조작적 정의가 필요합니다. 결론이 상위 개념입니다. 회의에서의 결론이란 회의를 종결하는 것을 의미합니다. 결론에 포함되어야 하는 것은 1) 무엇을 할 것인가?(결정 사항), 2) 그것을 누가 할 것인가? 3) 언제까지 할 것인가? 4) 어떻게 할 것인가?(방법에 대한 합의)입니다.

　결정이란 결론의 하위로 선택하는 것을 의미합니다. 1) 무언가를 한다. 2) 무언가를 하지 않는다. 3) 무언가를 다음으로 미룬다. 4) 다시 논의에 올리지 않는다. 의 4가지 중 하나를 선택하는 것입니다.

　마지막으로 회의 교육 프로그램과 모니터링/피드백을 하는 방법에 대해서 상세하게 기술하여 부록에 추가하였습니다. 해당 내용을 중심으로 내부 프로젝트로 진행해 볼 것을 당부드립니다.

세 가지 가장 큰 변화 이외에 소소하게 교열, 교정을 조금 더 꼼꼼하게 진행하였습니다. 이 과정에 많은 분이 도움을 주셨습니다. 늘 자랑스러운 플랜비디자이너 루이스(임주성), 제임스(홍국주), 써니(김선영), 샐리(신현아)의 지원이 없었다면 이 책이 개정판으로 다시 세상에 나오지 못했을 것입니다. 언제나 플랜비디자인을 아껴주시는 플랜비프렌즈들의 관심과 지지도 많은 힘이 되었습니다. 특히 플랜비프렌즈인 신원기님의 도움에 감사드립니다. 책이 출간된 이후에 많은 도움을 주실 에단(임동건)님에게도 미리 감사의 말을 전합니다. 세상을 바꾸는 일에 일조한다는 신념으로 살아가는 필자 덕분에 늘 희생을 감내하는 줄리아(아내)와 브라이언(최서준)에게 가장 큰 감사와 미안함을 전합니다. 또한 늘 부족한 아들, 사위, 형(님), 매형, 형부를 이해해주고 지지해주는 아버지, 어머니, 장모님과 가족들에게 감사를 전합니다.

고맙습니다.

회의會議를 회의懷疑하라

　어느 날 밤, 평소 알고 지내던 한 중견 그룹의 인사팀 교육담당자로부터 전화를 받았습니다. 그는 "사장님이 '우리 회사 회의는 왜 이 모양이야? 바꿀 수 없어?'라고 말씀하셔서, 전 직장에서는 외부 전문가를 초빙해 회의를 모니터링하며 개선한 경우가 있다고 답변드리자, 당장 시도하라는 지침이 내려졌다."며 필자를 찾았습니다. 담당자는 10번 정도 회사를 방문해 회의하는 모습을 지켜보며 개선 사항을 지도해달라고 요청했습니다.

　평소 여러 조직의 컨설팅을 수행하며 기업에서 실시하는 회의의 문제점을 생각하고 있었지만, 경영의 최고 책임자가 느낄 만큼 심각한 현실이라고 생각하니 필자의 마음은 다소 복잡해졌습니다. 예측한 문제의식이 정확했다는 생각에 기뻤지만, 한편으로는 이에 대한 해결책이 쉽지 않다는 것을 직감적으로 느꼈기 때문입니다. 무엇보다도 회의는 업무의 한 형식에 그치지 않는 기업의 중요한 의사결정 과정이기 때문입니다.

그러나 담당자의 부탁도 있고, 새로운 프로젝트에 대한 호기심도 있어서 시도해보자고 결정했습니다. 우선 처음의 요청대로 10번의 모니터링과 모니터링 후의 코칭 정도로 쉽게 생각하고 접근했습니다. 하지만 1주일 정도 진행된 담당 팀장과의 미팅, CEO와의 첫 대면 그리고 첫 회의 모니터링을 거치며 필자의 생각은 산산조각이 났습니다. 불안한 예감이 적중한 것입니다. 고객사 인사팀장은 지난 5년간 회의문화 혁신을 위해 수행했던 여러 활동을 설명하며 우려감을 나타냈고, 고객사 CEO는 프로젝트에 높은 기대감을 표시했습니다. 이러한 상황에서 필자는 10번의 모니터링과 코칭으로는 아무것도 변하지 않으리라는 것을 알았지만 실낱같은 희망을 잡고 싶었습니다.

기대와 우려가 공존하는 가운데 처음 참석하게 된 회의는 부사장 주관의 지원부서 주간회의였습니다. 월요일 아침부터 HD 캠코더에 정장을 차려입은 (의류회사이다 보니 복장이 자유로운 회사임) 외부 사람이 회의에 참관하니, 회의는 시작부터 경직되어 있었습니다. 취지를 설명하고 평소처럼 해 달라고 부탁했지만, 어색한 분위기는 사라지지 않았습니다. 현장 분위기보다 필자를 더 힘들고 놀라게 했던 것은 또 있었습니다.

첫째는 용어의 낯섦이었습니다. 필자는 기획팀에 근무한 경험이 있어서 전문 용어의 독해가 가능할 것이라 여겼습니다. 하지만 현장에서 쓰는 그들의 용어는 필자를 당황하게 하였습니다. 사전에 회사에 대한 정보를 꼼꼼히 확인했어도 업무에서 사용하는 세세한 용어까지 이해하기는 어려웠습니다. 1시간 30분 동안 쉬는 시간도 없이 이어진 회의가 끝나자 필자는 어지럼증을 느꼈습니다.

둘째는 회의 목적의 모호함이었습니다. 잘 알아듣지는 못했어도 그날 그 자리는 회의라기보다는 단체 보고회와 같았습니다. 의장에게 지난주 있었던 업무 현황을 설명하고 이번 주에 무엇을 하겠다고 보고하면 즉시 '그건 어떻게 진행되고 있나요?', '그건 이렇게 해보세요.' 정도의 질문과 피드백이 이어지며 회의가 끝났습니다. 필자의 머릿속은 더 복잡해졌습니다. '도대체 이런 회의에서 뭘 듣고, 뭘 보고, 뭘 피드백하고 지도해야 할까?'라는 생각에 이르자 이젠 어지럼증을 넘어 두통이 느껴졌습니다.

이 정도가 되자 조심스럽게 발을 빼고 싶은 충동이 들었습니다. 그러나 한번 한 약속을 어길 수 없는 일이었습니다. 또한, 이 건은 필자가 고객을 대상으로 진행하는 마지막 프로젝트라고 생각했기에 반드시 잘 마무리하고 싶었습니다. 다시 마음을 가다듬어 오로지 회의에 대해서만 생각하기로 했습니다.

가짜회의를 하는 사람들

프로젝트의 고민을 잠시 미루고 친구들과 술자리를 가졌습니다. 하지만 대화의 주제는 어느새 '회의'가 되고 말았습니다. 지난해 대기업을 떠나 벤처 회사를 차린 한 친구에게 회의에 대한 나의 고민을 꺼냈습니다. 친구가 다녔던 회사는 좋은 회의 문화를 가진 기업으로 정평이 나 있었습니다. 친구는 자신의 체험을 들려줬습니다.

"너도 알다시피 난 최고의 기술자였고 인정도 많이 받았어. 반도체 기술 연구원이었지만 반도체 산업의 미래에 어떤 일이 벌어질지 예측하고 판단하는 일도 맡았었지. 당시 나는 성과도 높았고, 회사로부터 지원도 많이 받았지만 내 아이디어를 실행하는 데 어려움이 많았어."

그는 덧붙여 말했습니다.

"조직의 규모가 커지면 커질수록 소수의 핵심 인물이 중심이 되어 팀을 이끌게 되지. 그리고 이들은 또다시 자신 밑에 한 팀을 구성하여 조직을 만들고 일일, 주간, 월간 계획에 맞춰 일을 지시해. 따라서 매니저도 늘어나고 회의도 자주 하게 되지. 회의를 바꾸고 싶다고? 그럼 리더를 줄여봐. 그게 안 된다면 단순화시켜. 다들 쓸데없는 가짜회의 준비하고, 참석하고, 참석 후에 회의록 쓰느라 시간이 부족한 거 아닌가?"

친구의 말이 맞았습니다. 사람들은 가짜회의를 하는데 너무 많은 시간을 사용하고 있었습니다. 그러나 회의는 꼭 필요합니다. 회의는 조직이 일을 처리하는 매우 훌륭한 방식입니다. 개인보다는 팀이 더 강하기 때문입니다. 그런데 우리의 회의 현실은 어떠한가요? 필자가 회의문화 컨설팅을 수행할 때 국내 우수 기업들을 벤치마킹하려고 몇몇 지인에게 도움을 청했습니다. 대외적으로 좋은 회의 문화를 가지고 있는 것으로 알려진 기업들이었습니다. 그런데 돌아오는 답변은 한결같이 '우리 그렇게 잘 하지 않아요.', '회의만 들어가면 답답합니다.' 등이었습니다. 그들 역시 회의에 대해서 내세울 만한 이야기가 없는 것입니다.

이처럼 회의는 한 기업의 CEO로부터 현장 실무자, 신입 사원에 이르기까지 모두의 속을 썩입니다. 바로 이것이 회의會議를 회의懷疑해야 할 이유입니다.

진짜회의는 회의라는 단어를 한자로 풀어보면 쉽게 정의할 수 있습니다. 회의는 모여서 의견을 나누는 것입니다. 실제 국어사전에도 '여럿이 모여 의논함. 또는 그런 모임'으로 적혀있습니다. 모이는 목적은 결국 의견 나누기에 있는 것입니다. 그런데 우리의 회의는 어떠한가요? 그저 廻議(회의: 의논을 피하는 회의)인 경우가 많습니다.

진짜회의의 첫째는 의견 나누기입니다. 그런데 의견만 나온다고 조직의 회의가 성공적이었다고 할 수 없습니다. 둘째는 결론입니다. 누가, 무엇을, 언제까지 처리할지에 대해 명확한 결론이 도출되어야 합니다. 셋째는 실행입니다. 행동을 옮기지 않으면 의견도, 결론도 무의미해집니다. 즉, 조직에 있어 진짜회의는 모이기만 하는 것이 아니라, 의견을 내고, 의견만 내는 것이 아니라 결론을 내고, 결론만 내는 것이 아니라 실행으로 만들어내는 것을 의미합니다. 마치 초등학교 학급회의 전에 선생님이 아이들에게 알려주는 것과 같은 누구나 알고 있는 회의의 목적이지만 잘 지켜지지 않고 있습니다. 왜 그럴까요? 무엇을 어떻게 고쳐야 할까요? 이 책은 이런 문제의식으로부터 출발합니다.

모든 일에는 잠시 그 활동을 멈추고 지금까지의 방식에 대해서 깊은 성찰이 요구되는 시기가 있습니다. 이 책을 읽는 지금 이 순간이 당신 회사 또는 팀의 회의에 대해 의미 있는 성찰이 필요한 순간이라 생각합니다. 회의에 한 번이라도 참여한 직장인이라면 지금까지 해 왔던 회의에서 교훈을 얻고, 앞으로는 어떤 모습으로 바꿔야 할지 모색해야 합니다. 이러한 활동은 회의를 발전시키고, 나아가 조직을 성장시키는 하나의 소중한 기회입니다. 즉, 회의가 어떻게 운영되고 있는지, 회의가 왜 존재하는지, 어떻게 하면 회의의 목적과 목표를 더 잘 이행할 수 있는지에 대해 서로 머리를 맞대고 생각해 봄으로써 회의 문화를 혁신적으로 바꾸는 계기가 될 것입니다.

이 책의 내용이 독자에게 회의문화 혁신의 좋은 안내서가 되기를 희망합니다. 본서는 한밤에 걸려온 전화로부터 출발해서 회의문화 혁신을 위해 어떠한 일들을 했고, 변화의 과정은 어떠했는지 필자의 시각에서 진솔하게 적은 백서와 같습니다. 그래서 필자가 엑스퍼트컨설팅에서 진행한 프로젝트를 중심으로 회의문화를 바꾸기 위해 노력했던 과정을 가감 없이 적어 보았습니다. 필자의 경험과 생각을 따라 읽으면서 회의문화 혁신을 위한 좋은 아이디어와 전략을 도출하기 바랍니다. 우리 회사의 회의會議를 바꿔봅시다.

 CONTENTS

Part 4 사람이 바뀌어야 한다

Part 5 기업 문화로 만들자

Part 1
진짜회의를 위한 출발

01

진짜회의란 무엇인가?

요즘 기업의 가장 커다란 도전 과제는 단연코 혁신innovation입니다. 기업은 지금과 다른 고객 가치를 만들고, 어제와 다른 기업 문화를 탄생시켜야 경쟁에서 살아남을 수 있습니다. 혁신하는 기업만이 지속 가능한 경영을 실현할 수 있습니다. 이러한 혁신을 발휘하기 위해 기업이 사용하는 최고의 방식은 무엇일까요? 바로 회의입니다.

회의는 새로운 고객 가치를 창조하는 아이디어 탄생의 산실이고, 신속 정확한 업무를 가능하게 하는 의사결정의 집합체이며 공통의 목표를 조직원 모두가 공유하는 의사소통의 현장입니다. 회의 없이 기업은 운영되지 않으며, 회의를 통하여 새로운 부가가치를 만들어 냅니다. 회의는 기업의 핵심적인 혁신 역량입니다.

하지만 현실은 많이 다릅니다. 회의가 제대로 운영되고 있지 않다는 것입니다. 회의 문화 컨설팅을 시작한 초반에 필자는 많은 것이 낯설었습니다. 알아듣지 못하는 전문 용어, 발표 중심으로 이어지는 정체 모를 회의에 사로잡혔기 때문이었습니다. 그때부터 참 많은 질문을 하게 되었습니다. 도대체 왜 이런 회의를 할까?, 회의장의 사람들은 지금 어떤 생각을 하고 있을까? 그래서 결론이 뭐라는 거지? 회의장을 떠날 때 그들의 생각은 무엇일까? 저 사람 지금 듣고는 있는 걸까? 같은 얘기를 다르게 하는 건 아닐까? 왜 진짜회의는 없고 가짜회의만 난무할까? 등 질문은 꼬리에 꼬리를 물고 계속되었습니다.

혼란했던 질문은 결국 '회의란 무엇인가?', '진짜회의는 무엇이 되어야 하는가?', '어떻게 하면 진짜회의를 만들 수 있을까?'와 같은 근본적 물음을 통해 답을 찾는 일임을 알았습니다. 그래서 회의 컨설팅에 참여한 우리는 먼저 회의란 무엇인가, 진짜회의는 무엇인가를 정의하고 진짜회의를 만들기 위한 단계를 탐구하며 차근차근 진행해 나갔습니다.

Alienus non Diutius(알리에누스 논 디지우스). 이는 픽사PIXAR의 사내 대학 건물에 새겨져 있는 라틴어 문구입니다. 이 말은 '더 이상 혼자가 아니다.'는 뜻입니다. 참으로 멋진 표현입니다. 그래서 필자는 이 문장을 회의 문화 컨설팅이나 강의에서 자주 인용하고 있으며, 회의를 시작하기 전에는 하나의 지침처럼 사용하기도 합니다. 세상에서 가장 창의적인 기업 가운데 하나인 픽사는 우리에게 개인의 창의성이 모이면 그 효과가 더욱 커진다는 사실을 알려주고 있었습니다.

기업은 혼자서 모든 일을 처리하기보다는 집단을 이루고 조직을 만들어 함께 일합니다. 조직organization이라 단어는 'organ'이라는 용어에서 파생되었습니다. Organ은 다세포 생물에서 몇 개의 조직이 복합하여 일정한 형태를 이루면서 특정한 작용을 하는 부분을 말합니다. 생물학적 용어에서 파생된 조직 또한 유기체처럼 구성원 사이의 활발한 상호 작용이 매우 중요합니다. 이것이 유기체인 조직이 선택한 생존의 방식입니다.

조직이 구성원 사이의 상호 작용을 중요하게 여기는 또 하나의 이유는 특정한 목적을 달성하기 위해서입니다. 이를 위해 조직은 구성원들이 모여 목적 달성의 방법을 의논합니다. 이것이 바로 회의입니다. 회의는 조직의 목적을 이루려는 구성원들의 기본적인 상호 작용입니다.

조직은 회의를 통해 좋은 의견을 나누고 합의점을 도출하고 향후의 방향과 함께 각자의 역할과 책임을 결정합니다. 그러나 우리 주변에서 일어나는 대부분의 조직 내 회의는 현안에 대한 깊이 있는 분석과 대안의 제시, 상호 작용에 따른 의사결정의 순간이기보다는 일방적인 지시나 업무 진척 상황과 일정의 보고, 문책, 지도자의 끊임없는 장광설이 이어지는 터무니없는 모습을 연출하는 경우가 많습니다. 우리 주변에서 쉽게 마주치는 회의의 현실이 이러하니 회의장에 앉아 있으면 답답할 수밖에 없지요.

뭔가 답답한 마음이 든다면 그것은 가짜회의입니다. 그렇다면 도대체 진짜회의라는 것은 무엇일까요? 진짜회의는 아주 단순합니다. 혼자하지 않고 모이는 것이며, 모이지만 않고 의견을 나누는 일이고, 의견만 나누지 않고 결론을 내리고, 결론만 내지 않고 실행으로 옮기는 것이 진짜회의입니다.

> **[진짜회의]**
>
> 혼자 하지 말고 모이자.
> 모이지만 말고 의견을 나누자.
> 의견만 나누지 말고 결론을 내자
> 결론만 내지 말고 실행으로 옮기자.

진짜회의를 하는 조직의 회의를 참관해보면 회의 시간도 짧고, 분위기도 좋습니다. 더 중요한 것은 회의가 끝난 후의 실행으로 옮겨지는 비율이 높았으며, 실행 결과가 바로 성과로 이어지는 사례가 많았습니다. 이러한 진짜회의가 가진 특징을 구체적으로 살펴보면 다음과 같은 3, 3, 3의 법칙이 통하고 있었습니다. 진짜회의는 회의 전 3개, 회의 중 3개, 회의 후 3개의 요소로 정리할 수 있습니다.

첫째, 회의는 최소 3일 전에 공지되며, 참석자들의 사전 준비가 철저하다.

둘째, 회의 공지 시 명확한 회의 목적과 목표가 공지된다.

셋째, 회의에 꼭 필요한 참석자만을 선별하여 소집한다.

넷째, 회의 시작 및 종료 시각을 지켜 진행한다.

다섯째, 회의 진행 시 의견 발언에 부담이 전혀 없다.

여섯째, 회의 진행은 논점에 맞게 진행된다.

일곱째, 사전에 목적한 대로 회의 후 결론이 도출된다.

여덟째, 회의 후 회의록을 기록하여 배포한다.

아홉째, 회의에서 도출된 결정사항이 추적 관리된다.

필자는 프로젝트 초기에 진짜회의가 가진 특징 9가지를 중심으로 진단지를 구성하여 구성원 설문조사와 관찰기법을 통해 조직의 회의 프로세스를 점검했습니다. 이는 회의 문화 혁신의 사전-사후의 잣대가 될 수 있으므로 사전에 반드시 확인해 보기를 권합니다. 직접 측정할 수 있도록 진단지 양식을 부록으로 추가하였습니다.

02

진짜회의는 하나지만
가짜회의는 유형도 많다

앞에서 진짜회의는 '혼자 하지 않고 모이는 것이고, 모이지만 않고 의견을 나누는 것이며, 의견만 나누지 않고 결론을 내고, 결론만으로 끝나는 것이 아니라 실행으로 옮기는 것'이라 정리했습니다. 이를 요약하면 진짜회의는 모이고會, 의견을 나누고議, 결론을 내고結, 실행行하는 것입니다. 결국, 진짜회의는 회의결행會議結行입니다.

회의會議라는 단어를 살펴보면 회의의 목적을 쉽게 알 수 있습니다. 회의는 '여럿이 모여 의논하는 일'입니다. 그래서 필자는 모이기만 하는 것은 가짜회의라고 말합니다. 회의라는 행위 자체만을 놓고 본다면 모이는 것과 의견을 나누는 두 가지 행위가 가장 중요합니다. 아울러, 조직이 회의하는 궁극적인 이유는 일의 효율성efficiency과 효과성effectiveness을 높이는 일이기 때문에 결론과 실행도 회의의 중요한 영역

구분		會	議	結	行	우리 회사는
진짜회의		↑	↑	↑	↑	
가짜 회의	유형1	↑	↓	↓	↓	
	유형2	↑	↑	↓	↓	
	유형3	↑	↑	↑	↓	
	유형4	↑	↑	↓	↑	
	유형5	↑	↓	↓	↑	
	유형6	↑	↓	↑	↑	
	유형7	↑	↓	↑	↓	

[표 1] 진짜회의 VS. 가짜회의

입니다. 따라서 진짜회의와 가짜회의는 회의결행이 얼마나 잘 되고 있는가를 확인함으로써 구분될 수 있습니다.

[표 1]은 회의결행會議結行을 중심으로 가짜회의의 유형을 분류한 것입니다. 독자의 회사에는 어떤 회의 유형이 많은지 확인해보기 바랍니다.

첫 번째 유형은 모이기만 하는 형입니다. 도대체 우린 왜 모였을까? 여긴 어딘가? 내가 해야 할 일은 무엇인가? 라는 생각이 난무하는 회의입니다. 필요한 회의인지, 모이는 것의 목적이 무엇인지부터 정하고 회의를 진행해야 합니다. (Define Agenda 부분을 읽어볼 것을 권함)

두 번째 유형은 말만 무성한 회의입니다. 의견이 많아서 뭔가 한 것 같지만 늘 거기까지입니다. 결국, 말만 많고 회의는 회의에 그치고 무엇을 할 것인지 몰라서 우왕좌왕하기 일쑤입니다. 회의 진행 중에는 회의와 관련 없는 발언을 통제하고, 회의의 본 내용에 집중하게 합니다. 회의를 마무리할 때는 무엇을, 언제까지, 누가 실행한다는 계획을 명확하게 정해야 합니다. ('T³ Setting' 부분을 읽어볼 것을 권합니다.)

세 번째 유형은 실행이 잘 안 되는 유형입니다. 이 유형은 잘 모이고, 의견도 활발하고, 결론도 명확하여 모두 좋은데 실행으로 이어지지 않습니다. 회의 자체의 문제보다는 실행자들의 내적 동기나 실행에 영향을 미치는 외적 영향 요인을 파악하여 수정해야 할 문제입니다. 회의 자체에서도 결론에 이르는 과정에서 마지못해 동의한 것이 아닌지, 실행자 개인의 역량으로 해결할 수 있는 과제였는지 면밀하게 조사해야 합니다.

네 번째 유형은 결론이 없는데 실행이 있는 이상한 유형입니다. 알아서 일 잘하는 사람이 많거나 중복해서 일하는 경우가 자주 발생할 수 있습니다.

다섯 번째 유형은 의견도 결론도 없는데 실행이 있는 유형입니다. 현실적으로는 목적 달성의 가능성이 낮은 이상한 회의입니다. 그런데 이게 가능한 조직이라면 굳이 모일 필요가 없지 않을까요? 각자 자기 역할을 하고 있으니 말입니다. 진척도를 확인하는 수준의 회의가 이에 해당할 텐데, 진척도 확인형 회의는 최소화해야 하는 회의 유형 중 하나입니다. ('회의의 양을 줄이자'를 참고)

여섯 번째 유형은 의견 없이 결론과 실행이 있는 회의입니다. 리더가 카리스마가 넘치거나 지시형 리더십을 구사하는 경우의 회의가 이런 양상을 보입니다. 리더가 회의를 통해 확인하고, 평가하고, 통제를 잘하고 있거나 이미 결정된 사안들을 가지고 조사하는 차원에서 진행하는 회의입니다.

일곱째 유형은 의견과 실행이 없는 유형입니다. 유형 6과 유사하나 실행으로 이어지지 않습니다. 지시는 많이 하지만 결정이 모호합니다. 체크를 꼼꼼하게 하지 않고, 리더의 영향력이 약합니다. 조직의 구성원들은 '회의 석상에서는 알았다 답하고 안 하면 된다'는 생각이 지배적입니다.

진짜회의는 한가지이지만 이처럼 가짜회의는 유형도 여러 가지입니다. 필자는 이러한 가짜회의를 진짜회의로 탈바꿈시키는 회의문화 개선 프로젝트를 수행했습니다. 이 과정에서 쌓인 경험과 사례가 진짜회의를 열망하는 조직과 리더들에게 도움이 될 것으로 보입니다. 이 과정을 다음 페이지부터 차례로 설명하고자 합니다.

03

가짜회의를
진짜회의로 만들기 위한 절차

이번 장부터 다루는 내용은 필자가 수행했던 회의문화 혁신 프로젝트의 실제 사례입니다. 본 내용은 회의문화 혁신 담당자 또는 변화 추진자들에게는 중요한 내용이 될 수 있습니다. 일반 독자는 생략해도 좋지만, 뒷부분에 필자가 강조하는 내용의 배경이 되고 있으니 읽어두면 도움이 될 것입니다.

회의문화 혁신의 프로젝트는 프로젝트 개요Project Overview를 제시하는 것으로 시작합니다. 이를 통해 프로젝트의 목적과 목표를 명확히 할 뿐 아니라, 예상효과와 구체적 산출물을 한눈에 확인할 수 있습니다.

필자가 수행한 프로젝트는 CEO와 임원이 주관하는 정기회의체 및 분과회의체를 대상으로 회의문화를 혁신하는 것이었습니다. 이에 대한 프로젝트의 목적은 '효율적 회의문화 구축을 통한 경영 효율성efficiency

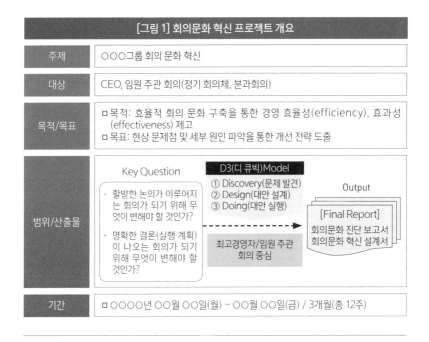

[그림 1] 회의문화 혁신 프로젝트 개요

주제	○○○그룹 회의 문화 혁신
대상	CEO, 임원 주관 회의(정기 회의체, 분과회의)
목적/목표	□ 목적: 효율적 회의 문화 구축을 통한 경영 효율성(efficiency), 효과성 (effectiveness) 제고 □ 목표: 현상 문제점 및 세부 원인 파악을 통한 개선 전략 도출
범위/산출물	Key Question · 활발한 논의가 이루어지는 회의가 되기 위해 무엇이 변해야 할 것인가? · 명확한 결론(실행 계획)이 나오는 회의가 되기 위해 무엇이 변해야 할 것인가? D3(디 큐빅)Model ① Discovery(문제 발견) ② Design(대안 설계) ③ Doing(대안 실행) 최고경영자/임원 주관 회의 중심 Output [Final Report] 회의문화 진단 보고서 회의문화 혁신 설계서
기간	□ ○○○○년 ○○월 ○○일(월) ~ ○○월 ○○일(금) / 3개월(총 12주)

과 효과성effectiveness 제고'이며, 목표는 현상의 문제점 및 세부 원인 파악을 통한 개선 전략 도출이었습니다.

당시 필자가 던졌던 질문은 크게 두 가지로 '활발한 논의가 이루어지는 회의가 되기 위해 무엇이 변해야 할 것인가?'와 '명확한 결론(실행 계획)이 나오는 회의가 되기 위해 무엇이 변해야 할 것인가?'이었습니다. 그리고 이러한 질문은 문제발견Discovery, 대안설계Design, 대안실행Doing의 과정을 거쳐 최종적으로는 회의문화 진단 보고서와 회의문화 혁신 설계서라는 구체적 산출물을 제시할 계획이었습니다. 본 저서에서는 산출물의 내용 가운데 고객사Client의 내부 정보 및 개인의 신상과 관련

[그림 2] 프로젝트 프로세스

Phase	Phase I Discovery (현상 이슈 발견 단계)	Phase II Design (개선 전략 수립 단계)	Phase III Doing (실행 단계)
Main Activity	· Project Kick off 　- Pre-Meeting: T/F 상견례 　　및 미팅 　　: Project Character 이해 　　: 회사 특성, 조직구조 　　회의형태 등에 대한 이해 　- CEO Interview & Kick off 　　: Project Goal 규명 　　및 Project Scope 명확화 · 현황 이슈 발견 및 분석 　- 문헌 분석 　　: 회사이해, 선진사례 분석 外 　- 회의 모니티링 　- 회의 개선점 도출 워크샵 　- 회의 문화 설문조사	· 회의 문화 개선 접근 전략 수립 　- Critical Issue 명확화 　- 개인, 그룹 단위 학습 전략 수립 　- 영역별 개선 전략 수립 　: 회의 목적, 방법, 시간, 장소 등에 대한 계획 　: 회의 원칙 수립(for 태평양물산) · 확산 전략 수립 　- 전사 문화化를 위한 홍보전략	· 회의 문화 개선 활동 　- Session 1: Coaching 방식 　- Session 2: Training 방식 · 개선 및 확산 전략의 보완점 파악 및 사후 관리 전략 수립 　- AS-IS, TO-BE 비교 　- 추가 개선/보완사항 파악 　- 지속적 확산을 위한 방안 모색 　　(교육, 제도, 문화, 홍보 측면)
Output	현상 분석 결과 보고서	회의문화 개선 설계서	최종 결과 보고서

한 내용을 제외하였습니다.

　필자는 진짜회의를 의견 교환이 많고 실행과 성과가 있어야 하는 '회의결행'이라 부릅니다. 이러한 회의결행이 이뤄지기 위해서는 현재의 가짜회의가 벌어지는 현장에서 문제를 파악하여 이를 진짜회의로 바꾸는 체계적인 이행 과정이 필요합니다. 그래서 프로젝트의 문제 해결 과정을 [그림 2]와 같이 ①현상 이슈 도출의 Discovery 단계 ②전략을 설계하는 Design 단계 ③전략을 중심으로 실제 코칭과 교육을 통해 적용하고 최종 보완점을 모색하는 Doing의 3단계 프로세스로 풀어갔습니다. 단계별 주요활동과 산출물에 대한 정보는 [그림 2]의 세부내용을 참고하면 도움이 될 수 있습니다.

　대부분의 회의문화 혁신 프로젝트에는 여러 가지 어려움이 따릅니다. 앞에서 언급한 것처럼 업의 특성과 내부 전문 용어에 대한 이해 부족입니다. 그러나 이것은 시간을 투자하고 학습하면 쉽게 해결할 수 있는 과제이기 때문에 큰 문제가 되지 않았습니다.

　그러나 실제적인 어려움은 너무 잦은 변화의 시도에 따른 '혁신 피로증'입니다. 이 책의 독자들이 속한 조직에서도 한 번 이상 여러 가지 방식으로 회의를 개선하려는 실험이 있었을 것으로 봅니다. 그리고 그 과정에서 많은 실패와 좌절도 겪었을 것입니다. 그만큼 회의는 누가 봐도 개선해야 할 필요성이 분명한 영역이지만 그것은 쉽게 바뀌지 않는 조직의 고질적인 문제 영역에 속합니다.

　필자가 사례로 소개하는 고객사 역시 젊은 회사를 지향하는 기업 문화를 추구하다 보니 다양한 변화관리 프로그램을 추진하고 있었습니다. 고객사는 이미 5년 전 유사한 컨설팅과 교육을 통해 회의문화 혁신 활동을 경험했으며, 매년 주기적으로 개선을 위한 노력을 시행하고 있었습니다.

　회의의 방법, 시간, 횟수 등의 조정과 함께 팀별 1개의 화이트보드 지급, 회의 공간 확보 및 연출 등 회의 인프라Infrastructure 측면에서 다양한 개선 활동과 회의 프로세스 정립, 교육 활동이 이뤄지고 있었습니다. 그런데도 여전히 회의문화 전반에 대해 만족하지 못하며 더 큰 변화가 필요하다고 생각하고 있었습니다. 이러한 변화 프로그램이 만족할만한 결과를 내지 못하는 상황에서 새로운 프로젝트를 시작한다는 것은 매

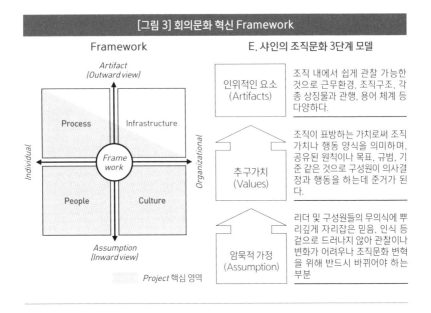

[그림 3] 회의문화 혁신 Framework

Framework

E. 샤인의 조직문화 3단계 모델

Artifact
(Outward view)

Process

Infrastructure

Frame work

People

Culture

Individual

Organizational

Assumption
(Inward view)

Project 핵심 영역

인위적인 요소 (Artifacts)	조직 내에서 쉽게 관찰 가능한 것으로 근무환경, 조직구조, 각종 상징물과 관행, 용어 체계 등 다양하다.
추구가치 (Values)	조직이 표방하는 가치로써 조직 가치나 행동 양식을 의미하며, 공유된 원칙이나 목표, 규범, 기준 같은 것으로 구성원이 의사결정과 행동을 하는데 준거가 된다.
암묵적 가정 (Assumption)	리더 및 구성원들의 무의식에 뿌리깊게 자리잡은 믿음, 인식 등 겉으로 드러나지 않아 관찰이나 변화가 어려우나 조직문화 변혁을 위해 반드시 바뀌어야 하는 부분

우 어려운 일입니다. 성공 또한 예측할 수 없는 상황입니다.

한밤중에 걸려온 전화에서 담당자가 요청한 '모니터링 후 피드백' 수준으로 끝날 수 있는 일이 아니라는 것입니다. 그래서 나온 질문이 '도대체 회의는 무엇인가? 회의는 무엇이 되어야 하는가?'였으며, 이를 통해 진짜회의를 회의결행으로, 가짜회의를 일곱 가지 유형으로 분류하기에 이르렀습니다. 그러자 더 중요한 질문을 던질 수 있게 되었습니다. 가짜회의를 진짜회의로 만들기 위해 던져야 할 질문은 무엇인가? 질문은 여섯 가지로 정리되었습니다.

① 고객사는 어떤 문화를 가지고 있는가? 폐기해야 할 문화는 어떤

것인가?

② 고객사의 의사소통 풍토Communication Climate는 어떠한가?

③ 고객사의 리더역량(Leadership과 Communication을 중심으로)을 어떻게 강화할 것인가?

④ 구성원(회의 참석자)들의 역량 중 보완해야 할 영역은 없는가?

⑤ 회의 전·중·후 개선이 필요한 부분은 어디이며, 무엇을 변화시켜야 할 것인가?

⑥ 효율적 회의를 위한 필요한 인프라는 무엇인가?

이러한 질문의 공통 요소를 추출하여 [그림 3]의 좌측 영역과 같은 네 가지 차원의 검토 영역으로 재구성하였습니다. 또한, 네 가지 차원의 검토 영역을 애드가 샤인Edgar Schein 교수의 조직문화 3단계 모델[1]에 적용하여 고객사 회의문화 혁신의 새로운 틀framework로 제시할 수 있었습니다. 이러한 모든 과정이 회의를 하나의 기법으로 개선하는 것이 아니라 기업의 문화 혁신 차원에서 접근하는 노력임을 이해할 필요가 있습니다.

---

1 본 프로젝트에서는 Infrastructure와 Process를 인위적 요소(Artifacts)로 해석하여 개념화했습니다.

04

진짜회의를 만들기 위해
점검해야 할 사항들

앞에서는 회의의 인프라Infrastructure, 프로세스Process, 문화Culture, 사람People의 네 가지 차원을 중심으로 하나의 틀Framework이 만들어진 과정을 살펴보았습니다. 이 네 가지 차원 가운데 인위적 요소artifacts에 해당하는 프로세스Process와 인프라Infrastructure의 영역도 중요하지만, 조직 구성원이 가지고 있는 암묵적 가정assumption에 해당하는 문화Culture와 사람People의 요소 또한 회의문화의 혁신에 반드시 포함해야 할 영역입니다.

이러한 네 가지 영역으로부터 각 기업이 운영하는 회의의 현실과 문제점을 추출할 수 있습니다. 이때 사용하는 방법이 ① 회의 참관과 현장을 촬영하는 모니터링Monitoring, ② 조직 구성원 대상의 진단과 설문조사Diagnosis, ③ 임원/팀장을 대상으로 한 회의 개선 워크숍 실시

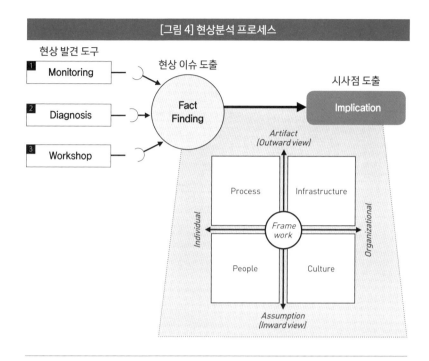

[그림 4] 현상분석 프로세스

현상 발견 도구

1 Monitoring

2 Diagnosis

3 Workshop

현상 이슈 도출

Fact Finding

시사점 도출

Implication

Artifact (Outward view)

Individual

Process | Infrastructure

Frame work

People | Culture

Organizational

Assumption (Inward view)

Workshop, ④ 임원/팀장 가운데 일부 구성원을 대상으로 한 면담Free Interview & Meeting 등입니다. 이와 같은 도구를 활용하여 고객사의 회의 관련한 문제issue와 시사점을 파악하였습니다.

이처럼 조직 내부에서 실시하는 회의로부터 문제를 찾아내는 도구를 'Discovery Tool'이라 합니다. 좀 더 자세히 살펴보도록 합시다.

모니터링Monitoring은 참관 모니터링과 촬영 모니터링으로 나눌 수 있습니다. 이때 참관자는 회의 진행 과정을 관찰하면서 회의에 대한 구성원의 긴장도tension, 만족도satisfaction, 목적과 목표에 대한 인식Awareness 등을 전반적으로 측정합니다. 또한, 커뮤니케이션 네트워크

[그림 5] Discovery Tool(for 이슈 발견)		
Monitoring	**Diagnosis**	**Workshop**
[회의 전반] - Tension 　(회의 시작 전, 회의 중) - Satisfaction 　(회의 후 만족도) 　: 과정 만족도, 결과 만족도 - Awareness(인식 정도) 　: 목적/목표에 대한 인식 [언어 활용 빈도] - Steal(말 끊기) - Direction(지시) - Criticism(비난) - Decision(결정) - Compliment(칭찬) - Encouragement(격려) 등	Culture 　: Quinn 경합가치 진단 People 　: 감성지능과 의사소통 풍토 Process 　: 회의 전, 중, 후 Infrastructure 　: 회의 공간 및 구조 　: 제도 및 시스템	①우리 회사 문화에 문제점은 　없는가? ②회의를 위한 인프라는 잘 구 　축되어 있는가? ③회의 프로세스 상에 문제가 　되는 부분은 없는가? ④리더십 역량에는 문제가 없 　는가?

Commnication Network 분석과 언어적, 비언어적 커뮤니케이션의 활용 빈도를 긍정Positive과 부정Negative으로 나누어 그 빈도를 확인합니다.

진단Diagnosis은 문화, 사람, 프로세스, 인트라 측면에서 각 요소에 대해 진단 문항을 개발하여 구성원을 대상으로 설문 조사를 진행하는 방법입니다. 설문조사는 전수 조사와 표본 조사의 방법이 있습니다. (진단 문항 구성 및 설문지는 부록을 참고 바람)

워크숍Workshop은 임원 대상 워크숍과 팀장 대상 워크숍을 별도로 실시합니다. 워크숍은 우리 회사 문화에 문제점(회의를 불편하게 하는)은 없는가? 회의를 위한 인프라는 잘 구축되어 있는가? 추가적인 지원이 필요한 사항은 없는가? 회의 프로세스상에 문제가 되는 부분은 없는가? 리더십 역량에는 문제가 없는가? 등의 질문을 중심으로 진행하였습니다.

[표 2] 언어 활용 빈도				
긍정(Positive)		부정(Negative)		
Compliment (칭찬)	· 작년에 비해서는 나아진 모습이에요. · 그 동안 한 건의 클레임도 없었네요. 역시 믿음이 갑니다.	Blame (비난)	· 미리미리 준비해야지. · 뭐가 예야, 대답만 하면 뭐해. · 정확히 확인해.	
Encouragement (격려)	· 지금처럼만 하면 문제없을 것 같아요. · 당신이라면 잘해낼 것입니다.	Attack (공격)	· 지금 뭘 위해서 하는 건데? · "체크해서 알려주겠습니다. 가 아니고, 미리 체크를 했었어야지!	
Humor (유머)	· 상황에 맞춰서 적절하게 사용됨	Disregard (무시)	· 당신 도대체 뭘 알고 얘기하는 거예요. · 원자재 얘기를 해야지, 왜 부자재 얘기를 해.	
Empathy (공감)	· 응, 맞아 그 생각에는 나도 동의해.	Intercept (말 끊기)	· 잠깐만요… 그게 아니고… · 그건 말이 안 되는 것 같아. · 자세히 설명을 해줘야 알지.	
Warmhearted (인정)	· 아, 그랬어? 그건 내가 몰랐었네, 미안!	Uninterested (무관심)	· 말보다는 행동으로 관찰됨	
P Question (긍정질문)	· 불량률을 줄이는 방안이 있을까? · 지속적인 커뮤니케이션을 하고 있으니, 올해는 나아지지 않을까? · 어떻게 하면 잘 되리라 생각합니까? · 성공하기 위해서 그 외에 어떤 방법을 생각할 수 있을까요?	N Question (부정질문)	· 그 말에 책임질 수 있겠어요? · 왜 잘 안 된 겁니까? · 그런 방법으로 성공하겠어요? · 왜 그것이 안 되는 겁니까?	

특히, 모니터링 도구를 사용하여 조직 구성원의 언어 활용빈도에서 차지하는 긍정어와 부정어 사용의 정도를 확인할 필요가 있습니다. 이는 조직의 기업 문화뿐 아니라 각 구성원이 가진 태도와 행동을 점검함으로써 리더의 감성지능과 의사소통 스타일을 지도하는 중요한 자료로 활용할 수 있습니다. (진단 결과 및 리더 코칭 사례는 부록을 참조 바람)

05

놀라운 사실들
그리고 진짜회의를 위한 출발

모니터링, 설문조사, 워크숍 실시 등의 도구를 사용하여 회의 현상을 들여다보면, 우리가 그토록 빈번하게 실시하는 회의에는 뜻밖에도 많은 문제가 있다는 사실을 피부로 느낄 수 있습니다.

필자가 컨설팅에 참여한 회의문화 혁신 사례 가운데 가장 놀라울 만한 사실은 회의에 참여하는 구성원들의 만족도가 낮다는 점입니다. 이들은 회의의 만족도를 묻는 말에 7점 만점의 3.98점이라는 응답을 보였습니다. 보통 조직 운영에 대한 설문조사를 진행하면 구성원 대부분은 평소 생각보다 관대한 점수를 주는 경향이 있습니다. 이는 인구 통계적 변수를 분석하는 과정에서 본인이 노출될 수 있다고 생각하는 참여자가 다수 있기 때문입니다. 이러한 점을 고려하면 4점 미만(7점 척도기준)의 점수는 매우 낮은 수준이라 할 수 있습니다. 회의에 참여하는 구성원들은 '현재의 회의' 자체를 회의懷疑하는 것입니다.

또한, 회의 진행의 역할에 따라서도 만족도는 다릅니다. 필자가 컨설팅한 대부분 회사에서 회의 주관자의 만족도는 회의 참석자의 만족도보다 높게 나타났습니다. 특히 주간회의, 월간회의와 같이 계획/실적 보고를 중심으로 한 회의에서는 만족도 차이가 1.0 이상의 차이를 보였습니다. 이는 주관자는 회의를 통해 정보를 수집할 수 있고, 전체를 대상으로 생각이나 정보를 공유할 수 있다는 이점을 얻기 때문입니다. 반면에 회의 참석자는 자기 부서(일)의 현황만 얘기하고 나면 업무 특성상 크게 관련 없는 타부서의 일에 대해서는 그저 듣고 있어야 하는 상황이 펼쳐집니다.

또 하나의 놀라운 점은 회의에 참석하는 사람들이 제각각 동상이몽同床異夢을 하고 있다는 점입니다. 같은 공간에서 같은 주제로 회의가 열리지만, 참여하는 사람들은 저마다 다른 목적과 목표를 가지고 회의에 참여하고 있었습니다. 이 같은 사실을 확인하기 위해 필자는 회의에 참여하는 사람을 대상으로 회의 시작 전과 회의가 끝난 후 당일 회의의 목적과 목표를 적어보라고 했습니다. 결과는 예상과 같았습니다. 회의 주관자와 참석자 사이에도 다른 생각과 입장을 가졌지만, 회의 참석자들 서로 간에도 회의에 참여하는 목적과 목표가 제각각이었습니다. 수많은 회의가 '산으로 가는' 이유가 여기에 있었습니다.

회의는 언제나 겨울 왕국?

그 밖에도 회의문화의 문제는 여러 가지로 다양하게 나타납니다. 해도 그만 안 해도 그만인 회의가 너무 많다는 사실도 우리가 피부로 느끼는 회의문화의 현실입니다. 전략회의라고 하는데 전략은 없고, 아이디어 회의라고 하는데 아이디어가 없는 회의가 부지기수로 많은 상황입니다. 한마디로 쓰레기 같은 회의가 조직 내에서 귀한 시간과 인력의 낭비를 부채질하고 있는 셈입니다.

회의장이 프레젠테이션 경연장이 되는 경우도 흔히 만나는 사례입니다. 누가 누가 더 잘하는지 서로 자기 자랑하는 느낌이 들 정도로 화려한 모형과 아이콘, 현란한 전환 효과와 애니메이션이 동원되면서 청중의 눈과 귀를 사로잡는 쇼가 펼쳐지기도 합니다. 알맹이 없는 화려한 화면에 넋을 잃고 있다가 회의장을 나오는 경우도 많습니다.

회의문화의 현실 가운데 가장 돋보이는 점은 회의 자리에서 말하는 순서는 '늘' 정해져 있다는 것입니다. 누가 1번이고, 누가 2번인지 정해져 있습니다. 물론 회의의 공식적인 발언의 순서가 정해져 있지만, 회의가 끝나가는 마지막 발언의 시점에도 말하는 사람, 말할 사람은 정해져 있습니다. 회의의 참석자들은 '왠지 지금의 이 분위기에서는 절대 말하면 안 된다'고 기가 막히게 분위기를 감지해 냅니다.

마지막으로 놀라운 사실은 회의장의 공기가 냉랭하다는 점입니다. 온도계를 가지고 측정하는 회의장의 실내 온도는 정상적입니다. 하지만 회의장의 정서적 분위기를 측정하는 온도계는 아마도 영하 10도 이하이지 않을까 싶습니다. 회의장에는 전혀 열기가 느껴지지 않으며 전체적으로 꽁꽁 얼어 있기 일쑤입니다. 대부분의 회의장은 언제나 싸늘합니다.

가짜회의에는 없는 것들

이런 놀라운 일들이 벌어지는 회의를 어떻게 바꿀 수 있을까요? 가짜회의를 거둬내고 진짜회의의 회의결행이 이뤄지려면 어떻게 해야 할까요? 도대체 가짜회의에는 무엇이 빠져 있는 것일까요?

첫째. 회의는 있지만, 논의는 없습니다. 어떤 회의는 회의 주제 자체가 논의할 가치가 없는데도 회의가 열리는 경우가 있습니다. 또는 주최자의 일방적인 강요로 토의할 수 없는 경우도 있습니다. 일부 분위기가 좋은 회의는 일상사나 농담 등 회의 주제와 관련 없는 발언이 중심을 이루는 경우도 있습니다.

둘째. 논의는 있지만, 결론이 없습니다. 시간이 부족하다는 이유로 또는 회의시간을 지키는 것이 원칙이라는 이유로 결론 없이 모호하게 끝나는 상황이 발생합니다. 결론을 사람마다 다르게 판단하는 경우도 발생합니다. 실질적인 결정권자가 참여하지 않는 경우도 있습니다.

셋째. 결론은 내지만 실행이 없습니다. 누가, 언제까지, 무엇을 할 것인지 정하지 않고 끝냅니다. 결국, 결론이 불분명하여 행동으로 이어지지 않습니다. 때로는 실현 가능성을 살피지 않는 결론을 도출하는 경우도 있습니다. 실행 이후 진척도 점검 및 점검방법이 부재합니다.

회의는 왁자지껄해야 한다

이처럼 대부분의 가짜회의에는 논의와 결정과 실행이 없습니다. 회의에서 이러한 활동들이 필요하다는 사실은 누구나 다 인정합니다. 따라서 우리는 이미 진짜회의가 무엇이 되어야 하는지, 어떻게 진행하면

될 것인지를 다 알고 있는지도 모릅니다. 그런데 실제 현실에서는 이렇게 행동하기가 어렵습니다. 이를 해결하는 방법은 진짜회의를 곁에서 지켜보는 것만으로도 충분합니다. 진짜회의는 주관자와 참석자 모두가 즐거워지는 회의이기 때문입니다. 하지만 우리는 진짜회의를 진행하는 것도, 진짜회의를 지켜볼 기회도 적습니다. 아니 거의 없다고 해도 과언이 아닙니다. 따라서 현재 우리가 진행하는 회의를 진짜회의를 만들기 위해 폐기해야 할 일을 시작하는 것이 우선으로 필요합니다. 없는 것을 채우기보다, 있는 것을 없애는 것이 혁신의 출발입니다.

가장 먼저 없애야 할 것은 보고 중심의 회의입니다. 회의는 공유를 목적으로 진행되어서는 안 됩니다. 회의는 의장의 역할과 책임을 상대에게 보여주는 자리가 아니라, 각자의 다양한 생각과 의견을 듣고 옳은 방향을 찾기 위해 개최되어야 합니다. 따라서 회의에서는 공유를 목적으로 보고를 받는 행위, 지시·질책하는 행위를 해서는 안 됩니다. 이렇게 될 경우 회의는 자칫 참석자들은 이미 다 공유하고 있는 내용을 보다 형식적인 방법으로 보고하는 과정이 되고 맙니다. 발표 위주의 회의는 사람들을 수동적으로 바꾸며 여간해서는 자기 생각을 적극적으로 표현하거나 다른 사람과 의견을 나누어 최선 안을 찾으려고 노력하지 않게 됩니다. 따라서 일방향적인 회의를 축소하거나 폐지해야 합니다.

회의장에서는 용기를 내지 않고도 자유롭게 말할 수 있는 분위기가 조성되어야 합니다. 어떤 의견이든 편안하게 말할 수 있고, 모두가 귀 기울여 들어주는 문화를 만들어야 합니다. 긍정적인 분위기를 만들기 위해 인정과 칭찬, 격려와 지지의 언어들이 난무해야 합니다. 한마디로 회의장은 왁자지껄해야 합니다. 그리고 이보다 더 중요한 것은 회의의 목적과 목표를 명확하게 하는 것입니다. 이러한 구체적인 방법론을 다음 장부터 이야기하겠습니다.

Part 2
회의 인프라를
정비하자

01

회의의 양을 줄이자

회의는 생각·의견의 공유와 함께 공통의 목표를 수립하고 이에 대한 실행을 약속하는 장場입니다. 회의는 조직 내·조직 간 상호작용을 통해 조직의 경쟁력을 높이는 커뮤니케이션 활동입니다. 그래서 회사 생활 중 회의는 하루의 많은 시간을 차지할 정도로 중요한 일과가 되었습니다. 때로는 일 사이에서 회의하는 건지, 회의 중간에 일하는 것인지 혼동될 정도로 회의는 횟수도 많고, 시간도 깁니다. 그래서 너무 많은 회의, 긴 회의, 결론 없는 회의에 대한 대책 마련을 위해 특별 회의를 여는 진풍경을 연출하는 조직도 있습니다. 회의를 줄이기 위한 회의를 하는 것은 그 자체로 모순적입니다.

진짜회의를 하기 위해서는 가장 먼저 해야 할 일이 회의의 양量을 줄이는 일입니다. 회의 양을 줄이는 방법은 간단합니다. 먼저, 조직에서 시

[표 3] 3S를 통한 회의 양 줄이기		
Stop & Scale-down 중지하거나 최소화 해야 할 회의	Stay & Supplementation 유지하거나 보완 해야 할 회의	Strengthening & Start 강화하거나 새롭게 시도해 볼 필요가 있는 회의
정보전달 생각전달	정보논의	생각논의
· 정보공유 및 전달형 회의(중지) · 진척도 확인형 회의(축소 및 최소화)	· 이해관계조정형 회의(유지/보완) · 의사결정 회의(유지/보완)	· 문제해결형 회의(강화) · 아이디어 창출형 회의(강화/추가)
[잠재적 문제에 대한 대응 방안] · 이메일 또는 게시판활용 공지 · 정보 공유 폴더 구축: Think wise 등 시스템 활용 정보 공유 · 개인 정보(암묵지)에 대한 공유 문화 확산	[유지/보완을 위한 방안] · 전자결재 활용 · 갈등관리 교육 프로그램 시행	[강화 방안] · 문제 해결 프로세스 학습 · 아이디어 도출을 위한 기법 학습 · 아이디어 개진을 위한 소통 문화 개선

행하는 모든 정기회의체를 나열합니다. 회의명 옆에 회의의 목적, 회의의 유형, 시간, 참석 인원 순으로 기록합니다.

이제 3S 모델을 통해 회의를 분류합니다. 3S는 Stick(유지해야 할 회의), Stop(중지해야 할 회의), Start(새롭게 시도해 볼 필요가 있는 회의)를 말합니다.

앞에서 작성한 회사의 모든 회의는 3S 모델의 하나에 해당합니다. 분류의 정확성을 기하기 위해 회의의 유형은 [표 3]에서 제시된 것처럼 정보공유 및 전달형 회의, 진척도 확인형 회의, 이해관계 조정형 회의, 의사 결정형 회의, 문제해결형 회의, 아이디어 창출형 회의 등 6가지로 나눌 수 있습니다. 앞에서 작성한 회사 내 모든 회의를 이러한 회의의 유형에 따라 분류하도록 합니다.

[표 4] 회의의 유형		
	회의 유형	내용
01	정보 공유 및 전달형	경영층이나 리더들이 구성원에게 자기 생각이나 정보를 전달하고 그에 대한 질문(구성원이 리더에게)을 받기 위해, 또는 새로운 정책이나 새로운 목표 등에 대한 정보를 단순히 전달하기 위해 개최
02	진척도 확인형	주간, 월간 단위의 실적, 앞으로 계획, 이슈를 보고하고 질의응답 또는 지시/지침을 받기 위해 개최
03	이해관계 조정형	조직 내, 조직 간 의견이 통일되어 있지 않은 경우, 하나의 목표나 과제 달성을 목표로 서로의 이견을 조율하기 위해 개최
04	문제해결형	조직 내외에서 어떤 문제가 발생했을 때 이에 대한 대책이나 해결을 위해 개최
05	아이디어 창출형	자료 또는 정보를 수집하거나, 새로운 아이디어 도출 및 참석자의 다양한 생각을 공유하여 더 좋은 아이디어를 만들기 위해 개최(의사결정 회의의 예비 단계)
06	의사 결정형	새로운 제도나 상품 개발 전략 등의 수립 내용에 대한 최종 의견 조율 및 결정이 필요할 때 개최

가짜회의는 싹부터 없애야 한다

정보공유 및 전달형 회의, 진척도 확인형 회의는 보고만 하고 끝나거나 다음 할 일이 정해지지 않고, 목적이 명확하지 않은 경우가 많습니다. 따라서 이런 회의는 중지하거나 최소화의 영역에 해당하는 회의입니다.

문제해결형 회의, 의사결정회의와 이해관계 조정형 회의는 유지하거나 보완해야 할 회의입니다. 이러한 회의는 회의문화 혁신의 방법으로 사용하는 'DIET 프로세스'(35페이지 참조)를 활용하여 질적 강화를 도모해야 합니다.

아이디어 창출형 회의는 강화하거나 새롭게 시도해야 할 회의입니다. 아이디어 창출은 시대적 요구이기도 하지만 조직의 도약과 성장을 위해서 필수적 요소이기 때문에 더욱 강화해야 하는 회의입니다.

경영학자 피터 드러커는 '혁신을 위해서는 폐기가 선행되어야 합니다.'고 강조했습니다. 회의문화 혁신의 시작은 무엇을 더 해야 하는가가 아니라, 무엇을 안 해야 하는가를 명확히 하는 것부터 시작됩니다. 따라서 첫 번째 S Stop & Scale-down에 해당하는 정보 전달, 생각 전달 회의를 최소화하기 위해 노력해야 합니다.

필자는 극단적으로 Stop & Scale-down에 해당하는 회의를 회의라고 보지 않습니다. 보고 중심으로 이루어지는 주간회의, 월간회의 등은 회의가 아니라 일일 보고회, 주간 보고회 이렇게 명명하는 것이 더 좋다고 생각합니다.

회의의 의장 역할을 맡은 CEO나 임원들에게 보고 및 발표 중심의 회의는 없애야 한다고 제안하면 많이 놀랍니다. 본인이 경영 현황을 빠르게 파악하는 데 많은 도움을 받고 있기 때문입니다. 중간 관리자들이 어떤 일을 하고 있는지, 어떻게 진행되고 있는지 확인할 수 있으며, 중간 관리자 사이에도 정보공유가 될 것으로 생각합니다. 진척상황의 확인과 정보공유가 핵심 목적이라면 이메일이나 정보공유 폴더 등을 활용하는 것이 좋습니다. 생산적이지 못한 회의를 최소화해야 생산적이고 창의적인 회의에 더 많은 자원을 투입할 수 있습니다. 회의의 목적은 CEO와 임원과 같은 리더를 이해시키는 자리가 아니라, 구성원의 다양한 의견 수렴을 통해 좀 더 현명하고 효율적으로 일을 추진하는 것에 있음을 명심해야 합니다.

회의의 물리적인 양과 함께 회의 시간도 줄여야 합니다. 2시간 이내

[그림 6] 회의 참여빈도와 필요성

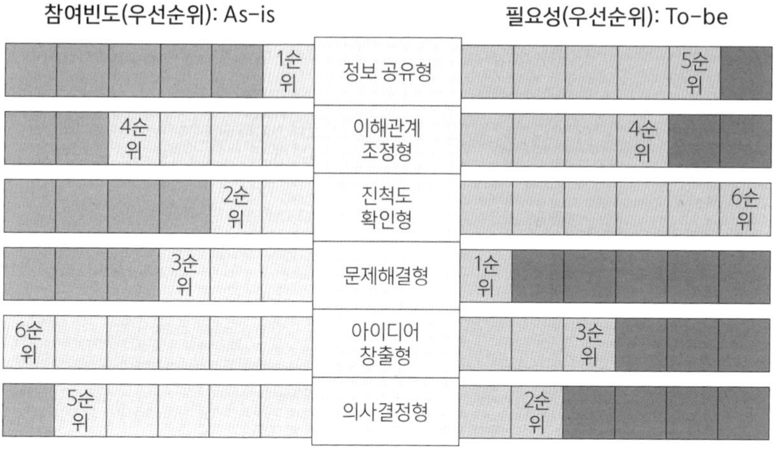

참여빈도(우선순위): As-is	회의 유형	필요성(우선순위): To-be
1순위	정보 공유형	5순위
4순위	이해관계 조정형	4순위
2순위	진척도 확인형	6순위
3순위	문제해결형	1순위
6순위	아이디어 창출형	3순위
5순위	의사결정형	2순위

가 가장 좋습니다. 피터 드러커는 55분이 좋다고 주장했습니다. 회의의 유형에 따라 2시간을 넘는 회의도 있을 수 있습니다. 이런 경우 충분한 휴식 시간을 주는 것이 필요합니다. 따라서 반드시 정시에 시작하고 지각자를 기다리지 않아야 합니다. 특히 리더가 먼저 이를 철저히 지켜야 합니다. 참석자 대부분은 리더보다 먼저 도착하여 꽤 오랜 시간을 리더를 기다리면서 보냅니다. 이 시간은 리더 한 사람 때문에 발생하는 큰 손실입니다. 또한, 1회 발언 시간을 제한하여 주제에 따라 1분 이내, 3분 이내, 5분 이내로 발언 시간을 정해두면 좋습니다.

02
공간의 권위를 제거하자

물리적인 양을 줄이는 활동이 완성되었다면, 이제 회의를 진행하는 공간의 변화를 통해 자유로움이 가득한 공간으로 만들어야 합니다. 공간은 상황을 바꾸고 상황은 행동의 변화를 촉발할 수 있습니다.

먼저 일반적인 회의공간의 모습을 떠올려봅시다. 아무도 앉아 있지 않은 회의장에서 사람들을 기다려본 적이 있으신가요? 회의 참석자들을 생각해보면 누구는 여기 앉고, 누구는 저기 앉고, 최고 높은 분은 어디 앉겠구나 하는 생각이 듭니다. 우리의 회의장은 공간 그 자체에서부터 상석이 정해져 있습니다. 물컵이 유리컵이냐 종이컵이냐, 컵 받침이 있느냐 없느냐 등만 보아도 이미 상하가 구분되어있는 듯합니다. 격식과 권위를 내려놓을 때 회의 분위기는 자유로워집니다.

공간과는 조금 다른 이야기이지만, 이스라엘에서는 아무리 장군이라 해도 회의에 늦어 입구 근처의 빈자리에 앉았고 그 사람 뒤에 커피포트가 놓여 있다면, 회의 내내 커피 시중은 그 장군의 몫이 된다고 합니다. 이것이 바로 형식의 파괴Informality입니다. 거추장스러운 형식의 파괴는 창조경제·창조경영의 환경에서 오히려 유리하게 작용합니다.

이러한 형식의 파괴는 오랜 시간이 걸립니다. 전통적으로 유교 이념을 바탕으로 어른에 대한 존경을 강조하는 우리의 정신적 유산은 기업에서도 여전히 관료적이고 상명하복의 문화를 은근히 조장하는 상황입니다. 많은 조직이 수평적 조직문화를 주창하고 있습니다. 필자가 사회생활을 시작하던 시기는 그 이전 세대보다 더 좋아진 것이 사실입니다. 그러나 여전히 문화의 변화는 가야 할 길이 멉니다.

중소기업을 운영하는 한 친구의 회사에 방문한 적이 있었습니다. 그 회사의 회의장은 조금 특이했습니다. 우선 상석이 없었습니다. 최대한 원탁 테이블을 사용하고 있었고, 의자에 앉은 상대방과 떨어진 거리도 다소 가깝다고 느껴질 정도로 작은 테이블을 사용하였습니다. 의자도 조금 불편했습니다. 주변에는 여러 색상의 소파가 놓여 있었습니다. 의자가 불편한 이유는 오래 앉아서 이야기를 반복하지 못하게 하기 위해서이고, 소파는 조금 멀리 떨어져서 회의의 상황을 바라보라는 뜻이라고 들려주었습니다. 뭔가 조화롭지 못한 다양한 색상은 오히려 관점의 다양성을 이해하자는 뜻이라고 합니다. 회의장 하나에도 새로운 의미와 다양한 생각을 반영하고 있어서 무척이나 신선하다는 생각을 가질 수 있었습니다.

『순자』에는 "봉생마중 불부이직蓬生麻中 不扶而直 백사재날 여지구흑白沙

在涅 與之俱黑"이라는 말이 있습니다. 옆으로 자라는 쑥도 삼 가운데서 자라나면 저절로 곧아지고, 흰 모래도 갯벌의 검은 흙 속에 있으면 검어진다는 뜻입니다. 어떤 상황과 환경에 있는가가 중요하다는 뜻입니다.

공간을 바꾸면 많은 것을 바꿀 수 있습니다. 그런 의미에서 국내 선진 기업들이 업무 공간의 창의성 추구를 위해 다양한 시도를 하고 있습니다. 그러나 아쉬운 점은 대부분 격식을 차리지 않는 공간만을 표방하거나, 대부분은 보이는 것의 화려함에만 치중하는 경향이 있다는 것입니다. 공간의 팬시화, 다양화에 그쳐서는 안 됩니다. 회의 공간도 표면적으로는 굉장히 감각적이지만, CEO나 담당 부서의 취향이 반영된 것이지 실제 회의의 성격이나 조직원의 요구가 반영되었다고 보기는 어려운 경우도 많습니다. 회의 공간은 창발형 공간Space of Emergence이 되어야 합니다. 관리와 통제의 끈을 놓고, 회의 참여자가 최대한의 자유가 보장될 수 있는 공간이 연출되어야 합니다.

회의 공간의 존재 이유는 더 다양한 의견을 나누고, 합의·협의하고 좋은 결정을 실행할 수 있도록 동기부여 하는 것입니다. 이 목적에 방해될 말한 요소들은 제거하는 것이 바람직합니다. 필자가 컨설팅을 진행한 사례를 중심으로 어떻게 변화를 시도했는지 이야기하려 합니다.

첫째, 보유 회의공간을 목록으로 작성합니다. 이때 순수 회의 공간인지 누군가의 집무실을 잠시 회의공간으로 사용하는 것인지 확인합니다. 각 회의 공간에 대해 1주일 정도 실제 활용 시간을 조사하여 1일 공간 활용도를 확인합니다. 이때 공간을 사용하는 사람들의 직급이나 부서도 체크 해두면 좋습니다. 회의장을 위와 같은 방식으로 정리하는 것만으로도 유휴공간의 발생빈도를 확인할 수 있으며 적절한 활용 방안을 모색할 수 있습니다. 임원들만을 위해서 별도로 마련해둔 회의장의 경우 활용 빈도가 매우 낮은 경우가 많습니다. 누구든지 필요에 따라 예약하고 활용할 수 있도록 여건을 마련해야 합니다.

둘째, 회의장 내에 격식을 상징하는 도구를 제거합니다. 높은 의자나, 별도의 테이블, 각각의 직급/직위를 상징할 수 있는 명패 등을 특별한 행사가 아닌 경우는 회의장에 없는 것이 좋습니다. 회의는 누가 더 높고 낮은지를 확인하는 자리가 아닌 좋은 생각과 아이디어를 나누는 자리가 되어야 하기 때문입니다. 테이블과 의자 등은 편안함을 제공할 수 있어야 하며 움직이기 편하도록 가벼우면서도 다양한 배치를 만들 수 있는 것이 좋습니다. 필자는 다양한 변화를 줄 수 있는 모듈식 테이블을 권장합니다.

셋째, 상석을 없애고 조금 더 자연스러워질 수 있는 회의 공간을 만듭니다. 스탠딩 회의 공간 같은 경우 시간 단축도 되고 내용에 충실해질 수 있습니다. 높낮이가 조절되는 회의 책상도 있으니 회의장 내 비치를 검토해보기 바랍니다. 한실 회의 공간(좌식 테이블)이나 맨발로 들어가는 회의 공간도 좋습니다. 아니면 방석을 깔고 그냥 편안하게 앉아서 하는 회의도 의외의 신선함이 있습니다. 회의 공간에 격식을 제거할 때 회의 참가자들은 좀 더 자유롭게 의견을 개진할 수 있게 됩니다.

정보통신의 산 역사가 담긴 제록스 팔로알토 연구소PARC에는 전쟁의 방War Room이라는 곳이 있습니다. 이곳에는 방음시설이 되어 있으며 편안한 의자가 있습니다. 편안한 분위기에서 평소에 하지 못하는 말을 자연스럽게 할 수 있도록 의도적으로 마련된 공간입니다. 이 방에서 지켜야 할 대화의 원칙을 제도적으로 정하고 안 지키면 퇴장되고 이후에도 공간을 활용할 수 없게 한다고 합니다. 흥미 있는 점은 먼저 들어왔던 팀이 의논했던 내용을 벽에다가 그냥 막 낙서처럼 적어놓는 것입니다. 이는 다음 팀이 들어와서 이야기하다가 앞서 회의한 팀이 적어놓은 내용을 보고 아이디어를 덧붙여서 키워나가기 위함입니다. PARC는 이를 창의적 절도라 부릅니다. 이 말은 최초 아이디어를 낸 사람이 누구인지는 중요하지 않다는 뜻입니다. '누가 처음인가'가 아니라 '누가 최종적으로 쓸 만한 아이디어를 만들어 내고, 먼저 실행하느냐'가 더욱 중요하다는 뜻이 담겨있습니다.

필자가 컨설팅했던 회사의 경우 맨발로 들어가는 회의장을 마련하였는데, 처음에는 불편하게 생각하는 구성원들이 있었으나 신발을 벗고 나니 좀 더 자유로운 느낌이라서 편안했다는 의견이 많았습니다. 회의 장소에 테이블을 회의 형태 및 참여규모에 따라 유연하게 조정할 수 있는 회의장을 확보하는 것도 좋습니다.

넷째, 회의장 안팎으로 짧은 문구의 명언을 걸어두어 생각을 자극하고 자유롭게 의견을 개진할 수 있도록 해야 합니다. 언어가 주는 긍정적 영향이 있습니다. 예를 들어, 회의장 앞에 '이곳은 누구나 자유롭게 자신의 견해를 말할 수 있는 곳입니다.', '당신에게 타인의 의견을 막을 권리가 없습니다.'와 같은 문구를 회의장에 입실하는 사람들이 가장 잘 볼 수 있는 곳에 비치하면 좋습니다.

일례로 구글은 직원들이 더 건강한 식사습관을 기르도록 하려고 구내 식당에서 접시를 집으려면 '큰 접시를 이용하는 사람일수록 음식을 많이 먹는다'는 경고문을 보게 했습니다. 이렇게 간단한 변화를 줬더니 작은 접시를 이용하는 사람의 비율이 50%나 증가했습니다.

　회의에 참가하는 모든 사람이 지켜야 할 원칙이 있고 리더는 리더로서, 퍼실리테이터facilitator는 퍼실리테이터로서, 참가자는 참가자로서 지켜야 할 원칙이 있습니다. 이런 원칙들을 회의장 안에 미리 적어두거나 포스터 등으로 만들어 비치하면 좋습니다. 추가로 인트라넷 등의 메인 화면에 각자의 역할에 맞춰서 노출을 시켜주면 좋습니다.

[참고] 참여형 공간을 구축하는 데 필요한 것들

IAF의 그룹 퍼실리테이션 핸드북The IAF Handbook of Group Facilitation에 실린 글 중에 참여의 건축The Architecture of Participation이라는 글은 공간을 기획할 때 매우 유용합니다. 몇 가지만 소개하면 다음과 같습니다.

1. 트인 공간, 기둥이 없고, 바닥이 평평한 공간이 좋습니다. 다양한 좌석 배치(주로 벽을 향하여 반원)가 가능해야 하며, 사각형 공간이 가장 유용한 배치를 할 수 있습니다. 크기는 6~10명일 때는 5m× 5m가 25~30명일 때는 10m×10m가 적정합니다.

2. 방해요소가 최소인 벽면을 확보되면 좋습니다. 크고, 평평하고, 연속적인 면으로 높이는 최소 2.5m가 좋습니다. 20장의 전지(플립차트)를 두 줄로 붙일 수 있을 만큼 충분한 크기의 벽면이 확보되면 좋습니다.

3. 창문이 있는 것이 좋은데 '작업 벽'과 반대편에 있으면 좋습니다.

4. 곳곳에 기본 밝기를 유지할 수 있는 인공조명을 두되 벽면에 중점을 두는 것이 좋습니다. 밝기 등을 변경할 수 있으면 좋으나 벽면의 밝기는 일정한 것이 좋습니다.

[참고] 회의장 배치 방법

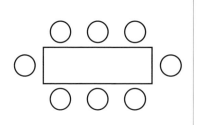

[장점]
· 서로 마주 보며 회의하므로 표정의 변화 등 인
  간적 접촉이 가능
· 사내 인간관계를 주제로 토론할 때 적합
[단점]
· 사적인 논쟁과 갈등 조장 가능성
· 일보다 사람에게 초점이 맞춰짐
· 그룹 메모리 사용이 부적합

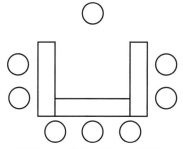

[장점]
· 그룹 메모리에 초점을 맞추어 회의진행 가능
· 참여자의 회의 역할을 명확화 가능
· 지위의 격차를 최소화 가능
[단점]
· 책상이 장애가 될 수 있음
· 참가자들은 서로를 바라보기 곤란

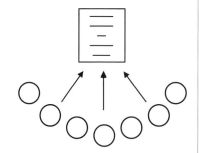

[장점]
· 사람들 사이에 장애물이 없다.
· 많은 인원수용 가능
· 초점이 하나로 모임
· 주제로부터 모두가 같은 거리에 위치
[단점]
· 테이블에 익숙한 사람들은 거북하게 느낌
· 필기도구, 커피 등을 바닥에 놓아야 함

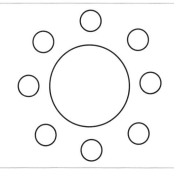

[장점]
· 서로 마주 보며 회의 가능
· 표정의 변화 등 인간적 접촉이 가능
· 사내 인간관계를 주제로 토론할 때 적합
[단점]
· 사적인 논쟁과 갈등 조장 우려
· 일보다 사람에게 초점이 맞춰짐
· 그룹 메모리 사용이 부적합

03

빔프로젝터의 전원을
뽑아버리자

> 당장 파워포인트를 끄시오.
> 난 당신의 생각이 듣고 싶은 겁니다!
>
> – 에드워드 젠더 전 모토로라 CEO –

    1997년 애플 컴퓨터의 CEO로 복귀한 스티브 잡스는 애플의 광고대행사를 교체하기 위해 Goodby Silverstein & Partners와 TWBA에 미팅을 요청했습니다. 미팅을 위해 애플 컴퓨터를 찾은 광고대행사 직원은 회의실로 안내되었습니다. 바쁜 스티브 잡스를 대신해 마케팅 중역 두 명이 상황을 설명해주었습니다. 에이전시 브리핑이라는 제목의 프레젠테이션은 끝이 보이지는 않는 슬라이드의 연속이었습니다. 각 슬라이드에는 그래프와 표가 있었고 각 요소에는 엄청난 숫자와 설명이 포함되어 있었습니다. 그들은 친절하게도 그것을 하나하나 읽어주었습니다.

거의 두 시간 정도 고문과도 같은 끔찍한 프레젠테이션을 들으며 인내심이 바닥나던 순간 스티브 잡스가 나타났습니다. 그는 늦은데 대한 아무런 설명도 없이 프로젝터 전원을 끄고 불을 켰다. 역시 스티브 잡스다운 무례함이었습니다. 불을 켠 후 회의실 벽에 고정된 화이트보드에 열세 개 정도의 사각형을 그렸습니다. 각각의 사각형은 애플이 수백만 달러를 투자한 사업을 의미한다고 설명했습니다. 그리고 곧 사각형 위에 차례대로 빗금을 그으며 "지난 며칠 동안 나는 이걸 없애고, 이걸 죽이고, 이걸 치워버렸습니다."라고 말했습니다. 이제 남은 상자는 단 두 개였습니다. 그는 이렇게 강조했습니다. "우리는 우리가 가장 잘할 수 있는 일로 돌아가야 합니다." 꿀 먹은 벙어리처럼 가만히 앉아있는 마케팅 중역들이 그 무수한 설명과 도표를 덧붙이며 전하려던 것을 그는 화이트보드에 단순한 사각형으로 설명하고 있었습니다.

존 스틸의 저서 『퍼펙트 피치Perfect Pitch』에 나오는 글입니다. 미팅에서 보여준 두 그룹(스티브 잡스 Vs. 중역)의 차이는 단순함과 집중에 있었습니다. 회의를 프레젠테이션 경연장으로 아는 사람들이 있습니다. 회의는 예쁜 도형과 화려한 전환 효과, 시선을 사로잡는 이미지들에 의해서 이루어지는 것이 아닙니다. 회의의 본질은 내용입니다. 그렇다고 앞의 사례처럼 친절하게 내용을 읽어주어야 하는 것은 더더욱 아닙니다. 이런 폐해를 알고 있는 일부 회사는 빔프로젝터나 대형 모니터를 활용하지 않는 경우도 있습니다.

최근에는 스마트 시대의 흐름에 발맞추어 종이 없는 회의를 지향하면서 노트북이나 태블릿PC만을 지참하고 회의를 진행하는 회사도 많아지고 있습니다. 그러나 이러한 모습은 형식만 흉내 내는 안타까운 장면입니다. 디지털 장비들은 오히려 회의를 방해하는 요소입니다. 회의 참석자들이 고개를 숙이고 모니터 안으로 들어가는 진풍경을 연출하기 때문입니다. 진짜회의는 의견을 나누는 것입니다. 의견을 나누기 위해서는 서로가 바라봐야 합니다. 그래서 개인이 사용하는 전자기기는 회의장에 가져오지 않는 것이 좋습니다. 특히 스마트폰은 아주 큰 방해 요소 중 하나입니다. 회의 시작 전 그라운드 룰로 스마트폰을 '회의장 뒤에 두고, 회의 끝나고 확인하기'를 하면 좋습니다. 한 시간 동안 스마트폰에게도 휴식을 주면 어떨까요? 그 외 스마트기기는 실적이나 세부 자료들을 조회해서 함께 논의해야 하는 경우에만 사용하는 것이 바람직합니다. 스마트기기를 최소화하고 화이트보드나 전지, A4지, 포스트 잇 같은 아날로그 도구를 활용하는 것이 더 효과적입니다.

빔프로젝터 대신 화이트보드를 사용하라

빔프로젝터를 이용할 경우 프레젠테이션 자료를 만드느라 시간을 보낼 수 있습니다. 프레젠테이션 자료는 토론을 촉진하는 경우도 있지만, 오히려 토론을 방해하는 역기능이 더 많습니다. 빔프로젝터보다는 화이트보드를 사용할 것을 권합니다.

화이트보드는 집단의 기억 및 협의를 돕는 매우 훌륭한 도구입니다. 화이트보드를 활용하게 되면 다음과 같은 이점이 있습니다. 첫째, 의견의 전체상과 핵심이 눈에 보이게 되어 참가자들의 의식을 집중시킬 수 있습니다. 둘째, 그 자체로서 회의의 기록으로 남길 수 있습니다. 셋째, 발언의 내용이 구체적으로 보이게 되고, 발언자와 의견이 나뉘기 때문에 냉정하게 논의를 진행할 수 있습니다. 넷째, 발상을 확산시킬 수 있습니다.

화이트보드는 바퀴가 있는 것이 조금 더 좋습니다. 전체 참가자들이 잘 볼 수 있는 곳에 배치할 수 있으며, 방향을 조정하면서 참여자들의 관심을 전환할 수 있습니다. 화이트보드를 이용할 경우, 보다 집중력이 높아지고 더 많이 기억할 수 있게 되며, 정보를 전달하고 수집하는 것에 효율적입니다.

그렇다면 화이트보드에 어떻게 적는 것이 좋을까요? 인원이 적은 경우에는 퍼실리테이터가 직접 적으면서 진행을 하는 것이 효율적이며, 인원이 10명을 넘을 때는 별도로 서기를 두는 것이 좋습니다. 회의가 시작되기 전에 DIET 프로세스(Part 3 참조)에 따라 구획을 정해두면 좋습니다(그림 7 참조). 특히 회의의 목적·목표·주요 안건에 대해서는 사전에 적어두는 것이 좋으며, 필요한 경우 회의에서 꼭 지켜야 하는 원칙을 적어두는 것도 좋은 방법입니다. 화이트보드가 부족할 수 있으니 여분의 전지를 준비해 사용하면 편리합니다. 특히 대안 탐색의 'Explore alternative'가 회의의 본격적인 진행에서 가장 중요한 과정으로 많은 내용이 논의될 수 있습니다. 따라서 별도의 플립차트_{flip chart}를 옆에 두면 좋습니다.

[참고] 의견을 화이트보드나 전지에 기록하는 방법

- 제목을 쓴다: 페이지마다 씁니다. Define Agenda는 미리 작성해두면 좋습니다. DIET 프로세스의 2, 3, 4단계는 별도의 전지를 준비해두거나 화이트보드인 경우 구획을 정해두면 좋습니다.
- 사람들이 말하는 대로 쓴다: 생각을 요약하는 것에 대해 양해를 구합니다. 의미포착을 위해 키워드와 완결구를 사용합니다.
- 크게 쓴다: 뒷좌석에서도 보이도록 크게 씁니다. 사람들은 아이디어가 눈에 보여야 더 쉽게 상호작용합니다.
- 단순 명료하게 쓴다: 돋움체로 명료하게 씁니다. 매직의 넓은 면을 사용합니다.
- 느리게 쓴다: 쓰는 동작을 알아볼 수 있을 정도로 느리게 씁니다. 편안한 상황에서 속도를 연습해봅니다.
- 의미: 의미가 맞춤법보다 중요합니다.
- 항목에 번호를 붙인다: 이후 논의에서 아이디어들을 활용할 것이라면 항목에 순서대로 번호를 붙입니다. 글머리 기호나 상징으로 아이디어들이 서로 구분되도록 하여 하나의 아이디어가 어디서 시작되는지를 알 수 있게 합니다. 그러나 너무 많은 기호를 사용하면 혼란스럽습니다.
- 페이지를 꽉 채우기 전에 새 페이지로 넘어간다: 아이디어를 두 페이지에 나누어 적지 않도록 합니다.
- 아이디어를 구분할 수 있도록 여백을 활용한다: 가장자리에 6cm 정도 여백을 주고 각 항목 간 3cm씩 간격을 둡니다.

- 색을 번갈아 사용한다: 다양한 생각을 표현하기에 좋고 가독성을 높여줍니다. 2~3가지 색이 적당합니다.

Part 3

프로세스를
간소화하자

01

DIET 프로세스를 활용하자

　일반적으로 프로세스에는 불필요한 절차가 끼어 있어서 동기가 저하되기도 하고 인지 편향이 일어날 가능성이 발생하기도 합니다. 프로세스를 간소화하면 그런 문제를 완화할 수 있습니다.

　2015년 초 프랑스에서 도발적인 책 한 권이 발간되었습니다. 책의 제목은 『한국인은 미쳤다Ils sont fous, ces Corens!』이며, 부제는 '효율의 광란에서 보낸 10년'입니다. 이 책의 저자 에리크 쉬르데주는 2003년부터 2012년까지 10년 동안 국내 굴지의 회사 프랑스 법인에서 일했습니다. 그가 프랑스 법인 대표까지 지냈으니, 한국 기업을 속속들이 알고 있다고 해도 과언이 아닙니다.

　저자인 에리크 쉬르데주의 개인적 감정과 문화적 차이 때문에 다소 과장된 내용이 있을 수 있으나, 책에는 몇 가지 의미 있는 지적들이 나옵니다. 그는 한국의 기업 문화를 매우 위계적이고 군사적이라고 표현하였습니다. 특히 회의 시간에는 토론이나 의견 교환 없이 실적 관련 숫자만 거론됐으며, 목표 달성과 효율과 결과만 중요하게 다루었다고 밝혔습니다.

대부분의 기업 역시 지금까지의 회의에서는 의견을 나눌 필요가 없었습니다. 실적과 계획을 보고하고, 이슈사항을 나열한 후에 리더가 몇 가지 사항을 묻고, 몇몇 차석들이 눈치를 보다가 한 마디 던지고 이에 대해 답변을 하면 끝나는 프로세스였습니다. 관리 중심의 비즈니스 세계에서는 보고와 지시 중심의 회의만으로도 효율적인 조직 운영이 가능했습니다. 그러나 시대가 변했습니다. 그래서일까요? 리더들은 구성원들에게 의견을 내라고 합니다. 새로운 관점에서 생각하고, 더 창의적인 의견을 내라고 요구합니다. 그러나 구성원들은 의견을 내지 않습니다. 아니 어쩌면 내지 않는 것이 아니라 내지 못하는 것일 수 있습니다. 왜 그럴까요? 우리에게는 익숙하지 않은 풍경이라 그렇습니다. 따라서 점진적 개선을 위해 회의의 프로세스를 바꾸는 것이 필요합니다.

회의의 양을 줄이는 것이 첫 번째 과제였다면 회의의 질을 높이는 것은 두 번째 과제입니다. 두 번째 과제의 핵심은 시간의 효율적 활용입니다. 베인 앤 컴퍼니Bain & Company 아메리카의 파트너인 마이클 맨킨스의 말입니다. "시간은 돈입니다. 그러나 시간을 돈처럼 소중하게 다루는 조직은 드뭅니다Time is money, but few organizations treat it that way."

우리가 시간을 소중히 다루지 못하는 것 중 하나가 회의입니다. 회의는 한 사람의 시간이 아닌 여러 사람의 시간을 쓰는 것이므로 더욱 신

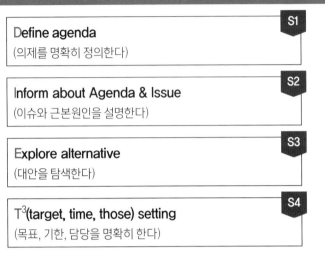

[그림 8] DIET Meeting Process

Define agenda
(의제를 명확히 정의한다)
S1

Inform about Agenda & Issue
(이슈와 근본원인을 설명한다)
S2

Explore alternative
(대안을 탐색한다)
S3

T^3(target, time, those) setting
(목표, 기한, 담당을 명확히 한다)
S4

중해야 합니다. 따라서 필자는 회의를 물리적 양만 줄이는 것을 넘어, 시간의 질적 활용을 높이기 위해 DIET Meeting Process를 제안합니다. DIET는 각 단계의 첫 글자를 따서 만든 것으로 총 4단계로 진행합니다.

Step 1은 의제를 명확히 정의하는 'Define Agenda' 단계입니다. 회의하는 이유와 목적을 명확히 하고, 누가 참여하며, 어떤 결과를 얻고 싶은지 정의해야 합니다. 이때 회의의 의사결정권자는 오늘 회의를 통해 얻고 싶은 기대사항을 명확히 밝힘으로써 회의가 논점을 유지하면서 생산적으로 진행될 수 있도록 지원해야 합니다. 이 프로세스가 지켜지기 위해서는 의제Agenda가 명확해야 합니다. 목적과 의제를 1~2줄로 기술할 수 없다면 회의의 의제가 아닙니다. 의제를 명료하게 설정하지 않고 진행할 생

[표 5] DIET 프로세스			
단계		설명	비중
01	Define (정의 단계)	Define agenda(의제를 명확히 정의한다) 회의의 목적과 목표를 명확하게 정하고 공유한다. - 공지 時 목적과 목표를 명확하게 정하여 공지한다. - 회의를 시작할 때 의장은 본 회의를 왜 하는지?(목적) 무엇을 얻고 싶은지?(목표)를 명확히 설명하고 퍼실리테이터는 이를 화이트보드에 기록해둔다 - 회의를 종료할 때 의장은 본 회의의 목적과 목표를 달성했는지에 대해서 체크한다. 회의를 통해 다루어야 할 부분과 다루지 않거나 후에 다루어야 할 부분을 구별해야 한다. - 한 회의에서 토론을 해야 하는 안건을 3개를 넘지 않도록 한다.	10%
02	Inform (설명 단계)	Inform about agenda & issue(이슈와 근본원인을 설명한다) - 논의해야 할 주요 이슈에 대해서 간략하게 설명한다. - 안건별로 3분 이내에서 간략하게 현상과 파악된 근본원인을 설명한다. - 안건에 대한 설명 후 논의할 주제를 공지한다.	10%
03	Explore (탐색 단계)	Explore alternative(대안을 탐색한다) - 아이디어를 도출하는 단계이므로 아이디어의 한계나 장애요인보다는 가능성과 효과에 더 중점을 두어 진행한다. - 가능한 한 많은 아이디어를 수용하되 회의의 목표를 벗어나지 않도록 주의해야 한다.	70%
04	T³ Setting (결정 단계)	T³(target, time, those) setting(목표, 기한, 담당을 명확히 한다) - 시급성, 중요성, 실현 가능성, 경제적 비용 규모 등 유의미한 기준을 설정하여 아이디어를 평가 및 정리한다. - 회의 참여자들의 참여를 유도하기 위해 실행계획의 내용, 담당, 기한을 명확히 한다. - 회의록은 화이트보드는 사진을 기록하여 공유하고 실행계획서를 작성하여 회의 종료 후 24시간 이내에 참석자와 회의 내용의 이해관계자(미 참석자 포함)들에게 공지한다.	10%

각이라면 DIET 프로세스가 아니라 다른 절차와 방법을 찾아야 합니다.

Step 2는 논의할 이슈와 문제를 설명하는 'Inform about agenda & issue' 단계입니다. 이때 참석자 중 이슈와 가장 관련이 많은 사람이 이슈사항에 대해서 간단하게 브리핑을 해야 합니다. 주의해야 할 사항은 문제 중심이 아니라 근본 원인을 중심으로 설명하는 것이 필요합니다.

왜냐하면, 회의의 목표는 문제를 해결하기 위한 대안을 충분히 논의하고 실행을 어떻게 할 것인지에 대해서 협의와 합의를 이끌어내는 것이기 때문입니다.

Step 3은 대안 탐색의 'Explore alternative' 단계입니다. 이 단계에서 퍼실리테이터의 역할이 중요합니다. 참석자들이 자신의 견해를 자유롭게 제시할 수 있도록 분위기를 조성하고 촉진자로서의 역할을 해야 합니다. 의장은 후원자로서 최대한 발언을 자제하고 구성원들의 더 많은 의견을 듣기 위해 노력해야 합니다. 참석자는 발언이나 의견을 통해서 회의에 이바지해야 합니다. 따라서 의제에 대해 사전에 충분히 생각하고 철저하게 조사를 하여 회의에 참석해야 합니다.

Step 4는 목표·기한·담당자를 명확히 정의하는 'T³target, time, those setting' 단계입니다. 필자가 관찰한 바로는, 의사결정이 되었다고 회의를 마무리하는 경우가 많았습니다. 그러나 회의의 결론은 결정된 사안(무엇)을 포함하여 언제까지, 누가 할 것인지 실행계획을 명확히 하는 것입니다.

아래의 표는 DIET 프로세스의 주요한 내용을 요약 정리하였으며, 각 단계가 회의에서 차지하는 비중도 표시해 두었습니다.

다음 장부터는 단계별로 해야 할 구체적 행동들을 다루고 있습니다.

02
진짜회의를 위한 준비

Step 1. Define Agenda

원하는 것을 성취하기 위해 가장 먼저 해야 할 것은?
끝을 생각하며 시작하자.

회의에서 얻고자 하는 결과Objective와 안건을 정의하여 회의 일정, 장소, 참석자, 사전 준비사항 등을 참석 예정자들에게 제공하는 회의 운영 계획서를 일반적으로 아젠다Agenda(의제)라 칭합니다. 아젠다는 참석자들에게 지침서 역할과 함께 회의에 집중할 수 있도록 하며 퍼실리테이터에게는 회의 운영을 위한 기본 방향을 제시합니다. 더불어 시간 관리 수단으로 유용하며 회의 성공 여부의 평가기준이 됩니다.

아젠다는 성공적인 회의 운영을 위한 가장 중요한 인프라입니다. 실제 잘 진행되는 회의의 경우는 아젠다를 명확히 하는데 많은 에너지를 투입합니다. 가장 큰 비중을 차지하는 일인데 많은 조직이 가장 소홀하게 다루는 단계 중 하나이기도 합니다. 회의가 결론이 없고, 의미가 없이 끝나는 근본원인은 아젠다의 모호성 때문입니다.

　필자의 경험에 의하면 많은 리더가 구성원들과 토론하고 아이디어를 확산시키고 뭔가 불꽃 튀는 그런 회의를 하고 싶다고 합니다. 하지만 회의를 관찰해보면 토론할 '거리'가 없는 것을 회의라는 이름을 붙여서 하고 있습니다. '실적, 계획, 주요 이슈 공유'가 의제다 보니 토론해야 할 필요가 없는 것입니다. 정말 필요한 회의를 하기 위해 어떻게 준비해야 하는지 함께 생각해봅시다.

목적이 없는 회의는 시작도 하지 말자

　중국 춘추시대의 전략가 손무는 손자병법 모공 편에서 '상하동욕자승上下同欲者勝'을 언급합니다. 상하동욕자승은 장수와 병사가 뜻이 같으면 반드시 승리한다는 의미입니다. 진짜회의(회의결행)가 이루어지기 위해서는 회의장에서 리더와 참석자의 마음이 한곳에 있어야 합니다.

　하지만 회의의 목적과 목표를 다르게 생각하는 참석자들이 많습니다. 회의를 2시간 정도 진행하고 10명 정도가 참여했다면 전체 회의 시간은 20시간이 됩니다. 이는 한 사람이 주 40시간 근무한다고 했을 때 그 절반에 해당하는 귀중한 시간입니다. 개인적으로만 보아도 8시간 근무기준에서 일 2시간은 근무시간의 1/4에 해당합니다. 이렇게 많은 시간을 할애하여 모였는데 정작 모여 앉으면 먼 산만 바라보고 있는 경우가 많습니다. 사람들은 왜 그런 상태에 놓일까요?

이유는 관심의 부족입니다. 물론 "왜 관심이 없는가? 관심을 가져라."라고 말할 수 있습니다. 그러나 이것은 좋은 해결책이 되지 못합니다. '관심 부족'의 원인을 제거하는 것이 궁극적인 해결책입니다. 관심부족의 이유는 '목적에 대한 공감 부족'에 있습니다. 목적이 불명확하거나 공감되지 않는 회의는 시작할 필요도 없습니다. 특히 목적이 리더 자신이 관리하는 조직이나 팀이 어떻게 일하고 있는지 알기 위해서라면 더욱 회의를 개최하면 안 됩니다. 회의 말고도 그 방법은 많습니다. 직접 불러서 돌아가는 상황을 파악하거나 인트라넷이나 메시지를 통해서 확인하면 됩니다. 목적이 불명확하거나 공감되지 않는 회의는 시작할 필요가 없습니다. 쓸데없는 일에 사람들의 에너지를 낭비하게 하지 말아야 합니다.

왜 회의를 하는지에 해당하는 목적만 명확하다고 해서 회의가 잘 진행되는 것은 아닙니다. 구체적인 목표가 있어야 합니다. 회의를 왜 하는지 회의를 통해 무엇을 얻고자 하는지가 명확하지 않다면 그것은 시작해야 할 회의가 아닙니다. 그래서 Define Agenda 단계는 회의의 준비 단계로 아주 중요합니다.

아젠다를 명확하게 제시하자

잘 계획된 아젠다를 이용하면 주어진 시간 내에 회의의 목적을 달성하기가 쉬워집니다. 예정된 토론 주제가 무엇인지 알게 되면 참가자들은 주의를 집중할 수 있고 효과적인 기여를 기대할 수 있습니다. 아젠다에는 의사일정을 위해 다룰 주제뿐만 아니라 각 주제에 할당되는 시간

[그림 9] Agenda에 포함해야 하는 것

시간, 장소
참석자 확인

Objectives

사전배포

효과적
Agenda

항목별 시간

사전준비
고지

시간설정

까지도 포함되어야 합니다.

"모처럼 멀리서 모였는데 …"라고 하면서 이것저것 많은 것을 의제화 하여 '종일 회의'를 하는 경우도 있습니다. 회의에서 여러 의제를 논의한 다는 것 자체가 무리이기 때문에 1회에 3개 정도의 의제가 적당합니다. 선정된 아젠다를 중심으로 논의하고 아젠다에 포함되지 않은 의제는 다루지 말아야 합니다.

겉보기 효율화에 치중하여 단순히 참석에 의의를 두고 하는 회의는 실제로는 모두가 냉소적이 되어, 진지한 맛이 없는 김빠진 회의에 그치 고 맙니다. 그러한 경우는 시간만 지나면 잊어버리고, 곧 다시 비슷한 의제로 논의해야 하는 우를 범하게 됩니다.

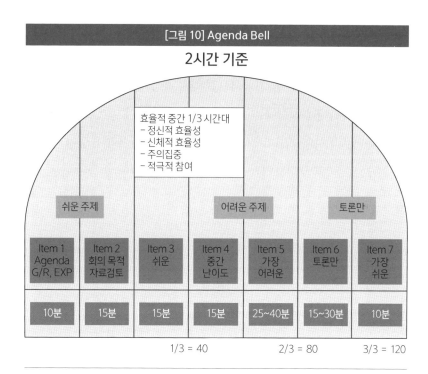

[그림 10] Agenda Bell

2시간 기준

효율적 중간 1/3 시간대
– 정신적 효율성
– 신체적 효율성
– 주의집중
– 적극적 참여

쉬운 주제		어려운 주제			토론만	
Item 1 Agenda G/R, EXP	Item 2 회의 목적 자료검토	Item 3 쉬운	Item 4 중간 난이도	Item 5 가장 어려운	Item 6 토론만	Item 7 가장 쉬운
10분	15분	15분	15분	25~40분	15~30분	10분

1/3 = 40   2/3 = 80   3/3 = 120

아젠다에 필수적으로 포함해야 할 사항은 [그림 9]와 같이 회의의 명칭, 회의의 유형, 회의 목적, 참석 대상자 및 비용, 회의 장소, 일정, 시간 계획(의제별 시간 사용 계획), 준비물, 당부 사항, 회의 관련 자료 등입니다.

시간 산정 시 참석인원에 따른 1~2H 산정법을 기본으로 하되 추가로 참가자의 시간적 여유, 회의장의 사용 가능 시간, 다른 회의와의 관계를 고려해야 합니다. 2시간 정도의 회의일 때는 [그림 10]의 Agenda Bell 을 활용하여 시간 계획을 수립하면 좋습니다.

참고로 회의의 요일을 선정할 때 다음과 같은 고려사항을 유념해두면 좋습니다. 월요일은 한 주가 시작되는 날, 정례회의가 많은 날로 중요 회의 일로 잡기 어렵습니다. 목요일은 일주일의 피로가 몰리는 날로 가능하면 피하는 것이 좋습니다. 금요일 역시 휴일 전날로 1주일의 업무를 정리해야 하기에 정신을 집중하기 어렵습니다. 회의에 가장 적합한 요일은 화요일과 수요일입니다. 따라서 중요한 아이디어와 결정이 논의되어야 하는 회의라면 화요일과 수요일은 선택하는 것이 좋습니다.

[참고] 회의 계획서(Define Agenda) (예시)

목적	신제품 가격 책정
목표	신제품에 대한 가격 책정 기준을 마련한다.
회의 주제	가격 책정에 영향을 미치는 변수들을 검토한다. 가격책정 기준을 결정한다. (결정방식: 전원의 의견을 듣고 P/L이 결정)
참석자[2]	최익성(P/L), 이순미(F/T), 최서준, 임주성, 신현아, 김선영, 홍국주
장소	3층 소회의실 #02(Smart Room)
일시[3]	OOOO년 OO월 OO일(금) 오후 13시 00분 ~ 14시 30분

의제항목(3가지를 벗어나지 않도록 주의할 것)	책임자	시간[4]
개회	P/L	5분
개발비용을 제외한 표준 제품비용 검토	이순미	5분
최적 유통채널에 대해 보고	영업팀	5분
경쟁자의 가격 검토	영업팀	5분
고객 중점 토의 집단, 제품 검사 등에 대한 결과 보고/설명	최서준	10분
Break Time	전원	10분
가격에 대한 집단 토의	전원	30분
최종 가격 책정 기준 결정	전원	15분
의사결정(방식: 전원의 의견을 듣고 P/L이 결정)	P/L	5분

2 참석자 명단에 '팀에서 O명 필 참' 등은 모호합니다. 정확하게 누가 참석해야 할지 명기하는 것이 좋습니다.

3 시간을 적을 때도 시작 시간만 적지 말고 끝나는 시간도 반드시 적어야 합니다. 그래야 참가자들이 다음 일정을 계획할 수 있습니다. 다른 회의가 있을 수도 있고, 중요한 보고가 있을 수도 있고 고객과 중요한 통화나 미팅이 있을 수 있기 때문에 시간을 명기하고 정확하게 지켜야 합니다. 연도는 나중에 자료를 볼 때를 위해서 적어두는 것이 좋고, 요일도 참석자가 날짜에 혼선이 일어나지 않도록 체크할 수 있어서 명기하는 것이 좋습니다.

4 1시간이 넘는 경우 휴식 시간(Break Time)을 가지는 것이 좋습니다. 사례의 경우 전반부 세션(Session)에서는 주로 설명을 듣는 구성입니다. 설명을 들은 후 휴식을 취하면서 잠시 자기의 생각을 정리할 수 있어 효과적입니다. 휴식 시간의 배정은 회의를 설계할 때 아주 중요한 사항입니다.

진짜 회의의 시작

Step 2. Inform about agenda & issue

Step 1. Define Agenda가 준비 단계라면 Step 2는 본격적으로 회의를 시작하는 단계입니다. 의장이나 퍼실리테이터가 먼저 환영 인사로 회의를 시작합니다. 따뜻하게 환영을 함으로써 회의의 분위기가 조성되고 참가자들은 긴장을 풀게 됩니다. 그러므로 바로 본론으로 들어가지 말아야 합니다. 분위기를 부드럽고 자연스럽게 하는 오프닝은 꼭 필요합니다. 음악을 함께 듣거나 동영상을 보거나 좋은 시나 문장을 함께 읽어보는 것도 좋은 방법이며 짧은 연설을 하는 것도 좋습니다.

아젠다 배포를 통해 이미 공지한 사항이지만, 무엇을 이야기할 것이며 왜 이것이 중요한지를 간략히 설명함으로써 회의를 효과적으로 시작할 수 있습니다. 이를 통해 회의의 목적을 알려주며, "왜 회의를 하지?"와 "이 토론이 나와 조직에서 중요한 이유가 뭘까?"라는 질문에 대한 답이 됩니다. 이처럼 명확한 목적을 제시함으로써 회의의 초점을 제시할 수 있습니다. 회의의 중요성을 설명하고 이것이 팀원들에게 미치는 영향을 설명함으로써 참여 의지를 높일 수 있습니다. 또한, 이것은 사람들에게 자신의 참여가 소중하다는 인식을 심어줍니다.

아젠다는 토론할 주제뿐만 아니라 회의진행 순서와 절차를 간략히 나타내 보여주는 것입니다. 아젠다가 미리 배포되었다면 간단히 그것을 검토하는 정도만으로 충분합니다. 가능하다면 의제의 각 항목에 배당된 시간을 표시해 주는 것이 좋습니다. 아젠다에 대한 참가자의 동의와 지원을 얻어내는 것도 중요하므로, 아젠다에 더하거나 뺄 것은 없는지, 그리고 그에 대한 질문이 있는지를 물어보면 좋습니다.

회의 주제에 본격적으로 들어가기에 앞서 각 주제에 대한 정보를 제공하거나 공유해야 합니다. 사람들은 상황에 대한 정보를 공유하여 같은 이해를 해야 하며 혼동이나 회의 중 다시 이전 주제로 되돌아가지 않도록 해야 합니다. 일부의 사람들은 흔히 세부사항이 명확히 밝혀지기도 전에 결론을 내려 하거나 결정을 하려 합니다. 이런 경우, 주제에 관련된 배경정보를 먼저 철저하게 검토하는 것이 중요하다는 것을 설명해야 합니다. 가령, 이렇게 표현할 수 있습니다. "이 문제의 해결방법을 제안한 것에 대해 감사드립니다. 그렇지만, 그 전에 어떤 오류가 나오는지 먼저 살펴보고 문제점을 정확히 알아보는 것이 좋을 듯합니다."

만약 참가자들이 모르는 정보나 제약조건이 있다면 그것을 제시해야 합니다. 만약 우려 사항이 있다면 이 시점에서 논의하는 것이 중요합니다. 참가자들이 우려하는 사항이 무엇인지 물어봐야 합니다. 이것은 더욱 개방된 환경을 조성하는 데 도움이 되고 참여를 고무시키게 됩니다. 적절한 시기에 배경에 대한 검토를 마치고 내용을 요약하면 모든 사람이 같은 이해를 할 수 있습니다.

04

진짜회의의 핵심

Step 3. Explore alternative

철학자 존 롤스John Rawls는 "토론의 장점은 국민을 대표하는 입법자들이 지식과 추론 능력에 한계가 있다는 점에서 기인한다. 어떤 입법자라도 남들이 아는 모든 것을 알 거나, 그들이 함께 도출해내는 결과와 똑같은 추론에 이를 수는 없다. 토론은 정보를 통합하고 논의의 범위를 확대하는 방식이다."라고 주장했습니다. 최고의 전문가보다는 다수의 전문가가 낫다는 말입니다.

프랜시스 골턴(1822~1911)이라는 영국의 우생학자는 지능이 높은 소수만이 사회를 운영할 수 있다고 생각한 엘리트주의자였습니다. 그러나 골턴은 어느 날 시골 장터에서 자신의 믿음을 깨트리는 장면과 마주합니다. 그가 본 것은 가축 품평회 행사였습니다. 그 행사에 소의 무게를 알아맞히는 대회가 열렸습니다. 사람들이 표를 사서 자기가 생각하는 소의 무게를 적어서 투표함에 넣는 것입니다. 나중에 소의 무게를 측정해서 가장 근접한 무게를 적어낸 사람에게 소를 상품으로 주는 행사였습니다. 골턴은 사람들의 어리석음을 확인하는 재미로 지켜봤다. 정답자는 없었습니다. 그런데 놀라운 것은 800개의 표 중 숫자를 판독하기 어려운 13장을 제외한 787개의 표에 적힌 무게를 평균했더니 정답에서 1파운드 모자라는 값이 나왔습니다. 엘리트주의자였던 골턴에게는 집단의 지적 능력collective intelligence에 대해 다시 생각하는 매우 충격적인 사건이었습니다.

즉, 개개인 선택의 총합은 탁월한 전문가들의 선택보다 우월하다는 것입니다. 대안을 모색하는 세 번째 단계는 DIET 프로세스 내에서도 가장 중요한 과정이므로 회의의 꽃이라고 할 수 있습니다. 이 단계는 크게 두 가지 활동으로 나뉩니다. 다양한 의견을 나누고 정리하는 단계와 최적 안을 선택하는 단계입니다.

의견 수렴 단계는 그룹이 활발한 논의를 통해 다양한 가능성에 대해 탐색하는 하는 것을 말합니다. 아이디어를 도출하는 단계이므로 아이디어의 한계나 장애 요인보다는 가능성과 효과에 더 중점을 두어 진행해야 합니다. 이때 진행자는 다양한 아이디어 도출 기법을 활용하여 그룹의 시너지를 발휘하도록 유도해야 합니다. 단, 가능한 한 많은 아이디어를 수용하되 회의의 목표를 벗어나지 않도록 주의해야 합니다.

가장 흔히 사용하는 방법이 브레인스토밍Brainstorming 방법입니다. 이 방법은 다시 Freewheeling, Round-Robin, Slip Method 등의 세 가지로 나뉩니다. Freewheeling은 발표의 순서에 상관없이 자발적으

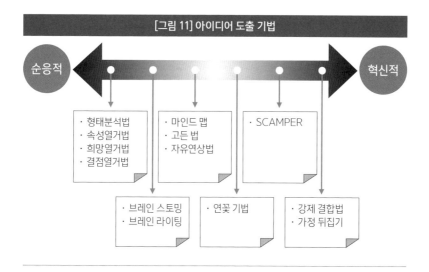

[그림 11] 아이디어 도출 기법

순응적 ← → 혁신적

- 형태분석법
- 속성열거법
- 희망열거법
- 결점열거법

- 마인드 맵
- 고든 법
- 자유연상법

· SCAMPER

- 브레인 스토밍
- 브레인 라이팅

- 연꽃 기법

- 강제 결합법
- 가정 뒤집기

로 아이디어를 발표하는 것으로 진행자는 아이디어를 그대로 기록하면 됩니다. Round-Robin은 순서대로 아이디어를 발표하는 방법으로 아이디어를 낼 때까지 계속 진행합니다. Slip Method는 브레인라이팅 Brain Writing이라 할 수 있는 기법으로 아이디어를 포스트잇에 기록하고 수집, 분류하는 방식입니다. 이 외에 아이디어 도출을 위한 기법들은 다음 그림과 같습니다. 조직에 따라 구성원의 특성, 회의의 목적(유형), 참가자 성향 등을 고려하여 적정한 기법을 활용하면 됩니다.

다음으로 도출된 수많은 아이디어를 구체화, 비교, 대조, 제거 등을 통해 정리하는 단계입니다. 비교, 대조, 혼합, 축소 등을 통해 많은 아이디어를 정리합니다. 시급성, 중요성, 실현 가능성, 경제적 비용 규모 등 유의미한 기준을 설정하여 아이디어를 평가하고 정리합니다.

의사결정 도구로는 Matrix, Score Card, Bubble sort 등을 활용할

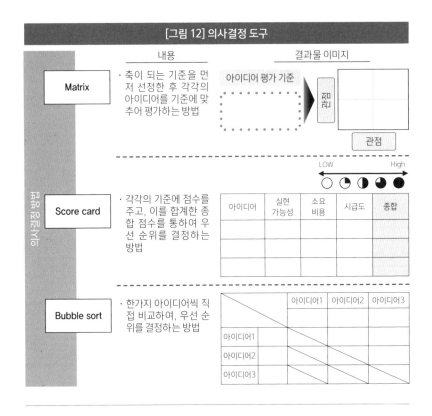

[그림 12] 의사결정 도구

수 있습니다. Matrix는 축이 되는 기준을 먼저 선정한 후 각각의 아이디어를 기준에 맞추어 평가하는 방법입니다. Score card는 각각의 기준에 점수를 주고 이를 합계한 종합 점수를 통하여 우선순위를 결정하는 방법입니다. Bubble sort는 아이디어를 한 가지씩 직접 비교하여 우선순위를 결정하는 방법입니다.

[참고] 의사결정을 빠르게 하는 방법

1. 복수투표: 그룹에서 선택할 사안이 많을 경우, 계속해서 토론할 가치가 가장 큰 것을 다수결로 결정합니다. 최소한 절반 이상의 표를 얻은 사안에 대해서는 다음 토론안건으로 돌립니다. 이러한 절차를 반복해 의견이 선별될 때까지 계속합니다.

2. 반대투표: 참석자에게 지지할 수 없는 안건에 대해 투표토록 합니다. 가장 반대가 많은 사안을 제외한 나머지 각 안건에 대해 반대표를 던진 사람들에게 그 이유를 설명하도록 하고, 찬성한 사람이 이들에게 설명하도록 합니다.

3. 점 투표: 거수 혹은 무기명으로 투표하는 대신에 그룹 구성원들이 회의실 앞의 차트에 "예"에는 녹색 "아니오"에는 적색 등을 이용한 점을 표시하도록 합니다. 투표를 마쳤을 경우, 차트에는 그룹 내 의견이 생생하게 드러납니다.

4. 100 투표: 선택 사안의 우선순위를 매기는 데 효과적인 기술로써, 그룹 내 각 구성원에게 100개의 투표권을 주어, 100개의 투표를 모두 다 할 때까지 토론 중인 문제들 가운데 중요하다고 생각되는 곳에 많은 투표를 하고, 그렇지 않은 곳에는 적은 수의 투표를 하도록 합니다. 투표의 결과를 계산하여 다수 순으로 나열합니다.

5. 명목상의 우선순위: 모든 그룹 구성원에게 문제마다 우선순위를 매기도록 합니다. 최우선 순위에는 1번을, 최저 순위에는 3번을 매기는 식입니다. 결과를 계산하여, 각 문제의 평균 점수를 내어 보고 우선순위에 따라 토론합니다. 그리고 평균 1.5 이하의 문제는

제외하도록 결정합니다.

6. 찬 3 / 반 3: 이는 문제의 모든 측면을 수렴할 수 있는 기술입니다. 한 문제를 토론하는 가운데, 구성원에게 이 문제의 긍정적인 면과 부정적인 면에 대한 이유 세 가지씩을 들도록 합니다. 문제가 계속 토론될 때마다 각각 긍정과 부정의 세 가지 이유를 비교하도록 합니다.

05
진짜회의의 종결
Step 4. T³(target, time, those) Setting

토론이 잘 되었다고 해서 회의가 잘 되었다고 할 수 없습니다. 진짜회의는 뚜렷한 특징을 가지고 있습니다. 끝나는 시점이 분명합니다. 결정을 내리면 더는 만날 필요가 없습니다. 하지만 결정이 내려지기 전까지는 자주 만나서 의견을 나누고 협의해야 합니다. 따라서 '이런 결정이 내려지면 회의는 끝입니다.'라고 확실히 말할 수 있다면 그것은 진짜회의라 할 수 있습니다. 회의가 끝났는데도 무엇을 누가 언제까지 해야 하는지에 대한 모호함이 남았습니다면 그것은 가짜회의입니다.

따라서 T³ Setting 단계가 중요합니다. 이 단계에서는 합의 내용을 요약하고 후속 조치를 위한 날짜와 시간을 정하는 것으로 회의를 종료합니다. 후속 조치는 다음 사항들을 포함하도록 합니다.

- ■ 회의록은 날 것 그대로 공유하고 실행계획서를 간단하게 작성, 배포한다.
- ■ 회의의 결정사항을 관련자들과 공유한다.
- ■ 해결되지 않은 이슈를 찾아낸다.
- ■ 특정일에 다시 회의를 개최한다.

합의 내용과 후속 조치를 요약할 때는 구체적인 행동의 형태로 결정하는 것이 좋습니다. 회의장을 떠날 때 참가자들은 명확히 누가 무엇을 어떻게 수행할 것이며 언제까지 그 일이 끝나야 하는지를 알고 있어야 하기 때문입니다.

"오늘 회의 내용을 요약해보면 ○○와 ○○를 언제까지 진행하기로 했습니다. ○○부분은 김대리께서 ~~처리하는 것으로 합의하였습니다. 맞죠? 이번 수요일 오후 14시에 다시 회의해서 우리가 진행하는 과정에서 발견하지 못한 잠재적 문제점을 토론하도록 합시다. 좋습니까?"

위와 같은 요약은 회의 도중 했던 말의 반복이기는 하지만, 이는 오해를 발견할 수 있는 마지막 기회이기도 하며 결말이 흐려지는 것을 막는 데 중요한 역할을 하는 행위입니다. 아울러, 참가자들에게 회의에 참가한 점에 감사하다는 말을 함으로써 회의를 긍정적인 분위기로 끝내도록 합니다. 시간을 할애해 준 것과 회의에 이바지한 사실 등을 언급한다면 그들의 책임 의지를 높일 수 있습니다.

회의록은 실록이 아니다. 생생한 날 것(RAW DATA)으로 공유하자

우리나라는 기록의 문화를 가진 나라임이 분명합니다. 실록은 사후 기록되는 것입니다. 실록의 목적은 선대의 업적과 잘못을 기록으로 남김으로써 후대가 이를 본받거나 타산지석으로 삼기 위해서입니다. 이런 기록 문화를 본받은 것인지, 본받지 못한 것인지 우리의 회의록 작성 풍경을 보면 사후 작성/보고하는 경우가 많습니다.

회의하고 나면 회의록을 언제 공유할까요? 필자가 수행했던 프로젝트의 결과에 의하면 회의 시작 후 12시간 ~ 24시간 이내가 65% 이상이었습니다. 세부적으로 12시간에서 18시간이 42%, 18시간에서 24시간이 23%로 나타났습니다. 물론 그 시간 동안 회의록을 수정하는 작업을 하는 것은 아니었습니다. 작업하는 시간은 중요도(여기서 중요도는 누구까지 보고하는가를 의미합니다.)에 따라 다르지만 약 1.5시간 정도가 나왔습니다. 과연 이것이 생산적인 일일까요? 당신이 리더라면 이런 효율적이지 않은 활동을 제거해줘야 합니다.

회의 중에 녹취하고 기록하고 다시 이 내용을 정리하는 행위는 소모적입니다. 심지어 이것을 보고서로 만들어서 결재까지 받고 있습니다. 과거에는 결재방이라는 도장이 있었습니다. 필자가 본 가장 큰 결재방은 사원부터 시작해서 대리-과장-차장-부장-이사-상무-전무-부사장-사장-회장까지 이어지는 11개의 보고 단계가 그대로 표로 그려져 있는 것이었습니다. 회의록에 이 도장을 찍어서 보고하던 시절이 있었습니다. 지금은 직제도 변하고 전자결재 시스템도 생겨서 조금 간편해지긴 했습니다. 그러나 여전히 회의록을 작성하여 보고 하는 조직이 많습니다.

　회의록을 작성하는 목적은 무엇일까요? 그것은 회의 내용에 대한 단순한 기록일 뿐입니다. 현장에서 나온 그대로 정리해서 공유하는 것이 맞습니다. 그런데 왜 이 단순한 행동이 되지 않는 것일까요. 회의에서 말하는 사람과 이것을 기록하는 행위가 따로 이루어지기 때문입니다.

　기술의 발달로 서기 역할을 하는 사람이 노트북을 가지고 줄기차게 자판을 두드립니다. 그런데 사람들은 이 내용을 볼 수가 없습니다. 물론 좋은 환경을 구축한 회사의 경우에는 빔프로젝터 두 개를 두어서 한쪽에는 주제와 관련한 내용을 보여주고, 다른 한쪽에는 실시간으로 작성한 내용을 보여주기도 합니다. 이런 경우를 제외한다면 대부분 서기가 작성하는 내용을 보지 못하는 경우가 많습니다. 그러다 보니 나중에 다시 정리할 수밖에 없습니다.

　말하는 대로 적고 적는 것을 같이 보면 좋습니다. 필자는 화이트보드의 적극적 활용을 권장합니다. 화이트보드에 논의를 기록하게 되면 과정의 공유와 대등한 참여가 이루어집니다. 화이트보드를 사용하면 논의 내용과 합의에 대한 이해도와 수용성을 높이고, 서로의 다른 생각에 대한 공감대를 높일 수 있습니다. 화이트보드에 적은 것을 사진을 찍어서 공유하면 그만입니다. 물론 여기에 어떤 내용을 적는가가 더 중요한 것이긴 합니다. 이때 적는 항목은 주로 목표, 논의 주제, 결정사항, 앞으로 활동 등에 대한 내용입니다.

　회의록의 결과로서의 목적은 기록일 수는 있으나 회의록의 과정상 목적은 이해와 합의된 내용에 대한 신속한 공유와 실행입니다. 그렇기에 현장에서 바로 사진 찍어서 공유하도록 한다고 해도 문제가 될 것은 없습니다. 이것을 다시 표로 만들고 정리할 시간에 조금 더 생산적인 일에 집중하는 편이 낫습니다. 파워포인트 슬라이드를 만드는 사이에 경쟁자는 전혀 새로운 상품을 만들어 낼 수도 있습니다. 구성원들을 회의록을 작성하는 소모적인 일에 놓아두지 말아야 합니다. 실제 필자가 회의록은 별도 작성할 필요가 없다고 강조하면 리더 대부분은 그건 안된다고 합니다. 그러나 몇 번 적용해본 이후로는 오히려 더 편하고 실제적 내용이 전달되어 더 좋다는 의견이 대다수입니다.

회의록보다 더 중요한 실행계획서를 회의 내에 확정하고 바로 공유하자

실행계획서는 아젠다 설정과 함께 회의의 핵심입니다. 실행계획이 포함되지 않은 회의의 단순 기록은 어떤 실행도 장담하기 어렵게 합니다. 실행계획서에는 무엇, 누구, 언제라는 세 가지 요소가 포함되어야 합니다.

회의를 통해 얻은 구체적인 결정과 성과는 무엇이며, 회의 결과로 수행할 필요가 있는 과제는 무엇인가요? 이러한 과제에 대한 책임은 누가 맡나요? 회의 참가자들이 자발적으로 다른 참가자들의 눈앞에서 특정한 실행조치를 취하기로 약속했다면, 그들의 과제를 완수할 가능성은 더 높을 것입니다.

과제는 언제까지 완료해야 할까요? 참가자들에게 약속한 일정에 대해 현실감각을 유지하도록 하면, 과제를 실제로 수행하는 데 도움이 됩니다.

[참고] 회의 실행계획서(예시)

이전 회의 실행 계획			
해야 할 과제	책임자	마감일	완료 여부
제품 설계서	최익성	01월 08일	완료
외부파트너 확보	이순미	01월 10일	완료
IT 프로세스 협의	최서준	01월 12일	진행 중

회의주제	신제품 출시
참석자	최익성(P/L), 이순미, 최서준
목적	제품 PlanB와 제품 HRDesign1.0 진행사항을 점검한다.
목표	프로세스가 주요 경로에 있는지 확인한다.

의제 항목 1	제품 PlanB의 상태
회의 내용	화이트보드 사진으로 대체
결정사항	시험시장을 준비한다.

의제 항목 2	제품 HRDesign1.0의 상태
회의 내용	화이트보드 사진으로 대체
결정 사항	판매개시를 1주 연기한다.

실행계획		
해야 할 과제	책임자	마감일
법률팀 보고서	최익성	01월 08일
시험 시장 준비	이순미	01월 10일
제품 HRDesign1.0의 재검사	최서준	01월 12일

Part 4
사람이 바뀌어야 한다

01
사람이 중심에 있다

회의는 수평적 대화입니다. 회의에 참여하는 사람들이 권위의식을 내세우지 않고 우호적인 분위기를 만들면 대화가 계속 이어집니다. 그러나 수직적인 위계 구조를 강조하거나 서로에 대한 불신이 깊다면, 오직 한 사람만이 회의장에서 이야기할 것입니다. 그리고 이를 듣는 사람들은 그의 잔소리에 굳게 입을 다물어 버립니다. 결국, 발언하는 사람은 자기 이야기를 들어줄 누군가의 시선을 찾아 회의장 이곳저곳을 두리번거립니다.

사람은 관계 속에서 살아갑니다. 한쪽만의 노력으로는 문제가 해결되지 않는다는 뜻입니다. 회의는 어떤 사안을 해결하기 위해 여럿이 모여 의견을 교환하는 일입니다. 그러나 많은 조직에서 회의는 여럿이 모였지만 의견이 자유롭게 교환되지 못하고 끝나버립니다. 허심탄회한 의견 교환이 가능해지려면 사람 간의 관계에 집중해야 합니다. 회의 참석자들은 의견 교환이 서로의 이익에 연결되는 관계라는 인식을 지녀야 합니다. 이를 위해 "교환에 의한 이득gains from exchange"의 개념을 바탕으로 회의 내에서 맡은 소임과 책임을 다하도록 합니다.

이러한 사람과의 관계를 형성하기 위해 진짜회의를 만드는 DIET 프로세스는 각자의 역할을 명확히 제시하고 있습니다. 이 또한 자유로운 의견 교환이 일어나도록 촉발하는 장치라 할 수 있습니다. DIET 회의는 세 주체로 이루어집니다. 주관자(리더), 진행자(퍼실리테이터), 참가자입니다. 결론적으로 이들 세 주체가 각자의 역할에 충실할 때 회의는 좋은 결과를 거둘 수 있습니다.

먼저 주관자의 역할입니다. 회의 현장을 관찰하다 보면 주관자는 관리자의 역할(Chief 또는 Chairman으로서)만 수행하려 듭니다. 하지만 진짜회의가 되기 위해서는 주관자는 후원자Sponsor로서 전폭적 지원자가 되어야 합니다. 전폭적 지원자인 리더는 회의 전반에 대한 책임을 지니고 있습니다. 따라서 회의 아젠다 선정과 참석자 확정, 최종안에 대한 의사결정, 결정된 사항이 실행될 수 있도록 지원(실행 관리가 아닌 실행 지원의 측면에서 접근해야 함), 퍼실리테이터가 중재하지 못하는 갈등 상황에 대한 지원 등의 역할을 해야 합니다.

다음 진행자의 역할입니다. 일반적으로 주관자의 역할은 의장이 하는 경우가 많습니다. 그러나 퍼실리테이션 기능을 강화하고 회의의 원활한 진행을 위해서는 의장 외에 다른 사람이 회의를 진행하는 것이 효과적입니다. 이 진행자는 사회자 또는 코디네이터로서의 역할이 아니

구분	As is(현재는)	Should be (앞으로)	Role &Responsibility
주관자 (리더)	Chief (or Chairman)	Sponsor (전폭적 지원자)	· 회의 전반에 대한 책임 · 회의 Agenda 선정 및 참석자 확정 · 최종안에 대한 의사결정 · 결정된 사항이 실행될 수 있도록 지원 (실행 관리가 아닌 실행 지원의 측면에서 접근해야 함) · Facilitator가 중재하지 못하는 갈등 상황에 대한 지원
진행자	Emcee (or Coordinator)	Facilitator (의견 촉진자)	· 회의 계획단계부터 참여해 회의가 원활하게 진행되고 목표를 달성할 수 있도록 지원 · 중립적인 입장에서 의견 참여 촉진 · 참석자 간 발생하는 갈등을 조정 · 회의 단계에서 필요한 문제를 해결하거나 의사결정 도구 제공
참석자	(Passive) Attendant	(Active) Attendee (적극적 참여자)	· 회의 목적과 Agenda를 정확히 숙지 및 이해 · 회의를 위한 사전 준비 · 회의 의제를 기반으로 한 다양한 의견 제시와 다른 참석자의 의견 경청 · 회의 내용에 대해서 구성원들과 공유

[표 6] 회의 참가자의 역할과 책임

라 의견 촉진자의 임무를 수행해야 합니다. 의견을 촉진하는 사람으로서 퍼실리테이터의 역할은 회의 계획 단계부터 참여해 회의가 원활하게 진행되고 목표를 달성할 수 있도록 지원합니다. 중립적인 입장에서 의견을 제시하도록 참여를 독려·촉진하고, 참석자 간 발생하는 갈등을 조정하며, 회의 단계에서 필요한 문제를 해결하거나 의사결정 도구를 제공하는 역할을 합니다.

다음은 참가자의 역할입니다. 필자가 관찰한 회의의 참가자들은 많은 인원이 수동적 참여자Passive Attendant였습니다. 그러나 회의에 참석하는 사람들은 적극적 참여자Active Attendee가 되어야 합니다. 적극적

[그림 13] DIET 단계별 참여자의 적정 개입 정도		
	Sponsor	Facilitator	Attendee
Step1. Define agenda (의제를 명확히 정의한다)	●	◖	◐
Step2. Inform about Agenda & Issue (의제를 명확히 정의한다)	◔	◖	◕
Step3. Explore alternative (대안을 탐색한다)	○	◐	●
Step4. T³(target, time, those) setting (목표, 기한, 담당을 명확히 한다)	◐	◔	●

참여도 낮음 ○ ◔ ◐ ◕ ● 높음

참여자로서 회의의 목적과 아젠다를 정확히 숙지 및 이해해야 합니다. 목적과 아젠다를 중심으로 회의의 사전 준비를 철저히 해야 합니다. 회의 시에는 회의 의제를 기반으로 한 다양한 의견을 제시하고 다른 참석자의 의견을 경청하며, 회의가 끝난 후에는 회의 내용에 대해서 구성원들과 공유하고 회의를 통해 결정된 사항을 성실하게 수행해야 합니다.

지금까지 회의 참여 주체Sponsor, Facilitator, Attendee의 역할과 DIET 프로세스에 대해서 다루었습니다. DIET 프로세스가 원활하게 가동하기 위해서는 단계별로 참여자들의 적정한 개입이 필요합니다. 시작단계에서는 후원자Sponsor와 퍼실리테이터Facilitator가 역할을 많이 하고, 후반으로 갈수록 참여자Attendee의 적극적인 참여가 필요합니다.

02

회의, 리더가 바꿀 수 있다

한 기업의 회의 진행을 살펴보면 그로부터 많은 사실을 알 수 있습니다. 회의에는 해당 조직 구성원의 리더십 스타일과 커뮤니케이션 방식 그리고 기업의 조직 문화가 고스란히 담겨있습니다. 회의가 열리는 1~2시간의 관찰만으로도 기업이 성과를 만들기 위해 사람과 자원을 어떻게 조직하는지, 참여자에게 동기를 부여하는 방식은 무엇인지, 조직 내 커뮤니케이션 스타일은 어떠한지 한눈에 알 수 있습니다. 그만큼 회의는 기업의 경쟁력과 직결되어 있습니다. 그런데도 우리는 여전히 가짜회의에 시달리고 있습니다.

회사는 좋은 회의 시스템을 갖추어야 합니다. 가짜회의를 걷어내고 진짜회의를 시작해야 합니다. 그러려면 리더의 생각과 행동부터 바꿔야 합니다. 진짜회의는 리더로부터 시작하기 때문입니다. 회의장에서는 누구도 리더를 이겨낼 수 없습니다. 회의장에서 상대의 말을 끊는 사람, 소통을 차단하거나 완성하는 사람은 리더입니다. 리더의 변화가 선행되지 않는다면 아무리 좋은 회의 기법이나 원칙이 있을지라도 효과는 나타나지 않습니다. 리더가 바뀌어야 회의가 바뀌는 것입니다. 만약 이 글을 읽는 당신이 회의를 주관하는 리더라면 지금부터 이야기하는 내용을 곰곰이 생각해보기 바랍니다.

한국 IBM의 이휘성 대표는 지금도 회의 관련 이메일을 작성해 각 참석자에게 보냅니다. 내용에는 전체 주제와 참석 당사자들이 준비해야 할 주제와 분량이 정해져 있습니다. 예를 들면 '한국 소비자의 성향에 대한 회의가 언제 어디서 있고 참석자는 누구누구 입니다. 당신은 지난 반 년간 한국 소비 형태의 특징에 대해 5분간 발표를 준비해주기 바랍니다. 혹시 애로사항이 있으면 미리 연락 바랍니다.'는 내용입니다. 이러한 역할은 회의를 주관하는 리더가 관리자Chief가 아닌 후원자Sponsor로서 전폭적 지원자의 모습을 잘 나타내고 있습니다. 회의 주관자인 리더가 후원자로서 회의 시작 전, 회의 중, 회의 종료 후에 확인해야 할 항목을 살펴봅시다. 당신이 회의 주관자라면 반드시 다음과 같은 질문을 해야 합니다.

회의 전에는 "이 회의는 꼭 필요한 회의인가?"를 물어야 합니다. 아울러, 다음과 같이 스스로 질문해보세요.

① 회의의 주관자로서 회의의 목적과 목표를 명확하게 설정하였는가?

② 회의를 통해 얻고자 하는 산출물/결론Output은 정확히 무엇인가?

③ 보고인가 회의인가?

회의 중에는 "회의 목적을 달성하고 있는가?"를 자문해야 합니다. 추가로 다음의 질문을 해야 합니다.

① 최초 설정한 목적과 목표를 달성하기 위한 자유로운 논의가 이뤄지고 있는가?

② 참석자의 생각을 듣는 것이 아니라 내 생각만을 말하고 있지는 않은가?

③ 참석자들의 생각을 존중하고 격려했는가?

회의 후에는 "회의의 목적을 달성했는가?"를 자문해야 하며, 아래와 같은 질문을 해야 합니다.

① 회의를 통해 원했던 목적과 목표를 이뤘는가?

② 산출물/결론Output이 도출되었는가?

③ 회의 결과물을 실행하는 데 있어 내가 지원할 것은 무엇인가?

집단을 현명하게 만들 수 있는 유일한 사람은 리더, 당신이다

회의장에서 리더보다 더 많은 권한을 가진 사람은 없습니다. 리더보다 전문 분야에 경험이 많은 사람은 있을 수 있지만, 의사결정의 마지막 순간은 언제나 리더의 몫입니다. 따라서 회의장에서는 누구도 그를 넘어설 수 없습니다. 사실, 회의처럼 자원이 풍부한resourceful 활동이 없는데도 불구하고, 정작 회의에서 나오는 결과물은 혼자 해내는 것보다 못한 경우가 많습니다.

회의는 즐거운 협업의 장이 되어야 합니다. 그러나 우리의 인식은 여전히 '회의는 비능률적이고 시간 낭비'라는 생각이 팽배합니다. 구성원 전체의 생각을 반영하면서 활발한 토론으로 이끌어갈 리더의 부재 때문입니다. 우리는 수직적인Top-down 회의 문화에 익숙하고, 이러한 권위적인 회의문화 때문에 누구로부터도 제대로 된 퍼실리테이터facilitator의 역할을 체험하거나 배우지 못했습니다.

모든 것을 다 알고 있다 생각하지 마라

『대중의 지혜The Wisdom of Crowds』의 저자 수로워키는 "개개인 선택의 총합은 탁월한 전문가들의 선택보다 우월하다"고 강조했습니다. 기원전 4세기 사람인 아리스토텔레스도 일찍이 이렇게 말했습니다.

"일반인 개개인은 전문가들보다 판단력이 떨어지지만, 일반인들이 함께 작업하면 전문가들보다 더 우수하거나 적어도 못하지는 않다."

조지프 핼러닌은 『우리는 왜 실수하는가』에서 사람들은 있는 대로 보지 않고, 본 대로 인식하지 않고, 인식한 대로 표현하지 않고, 표현된 대로 수용하지 않는다고 말했습니다. 이러한 일들은 인간이라는 존재의 결함, 인식의 구조적 편향sysmetic biases 때문에 일어납니다. 즉 인간의 과신입니다.

'골도프스키의 실수'를 알고 계신가요? 저명한 피아니스트 보리스 골도프스키는 어느 날 한 제자가 브람스의 곡을 틀리게 연주하자 중지시키고 실수를 바로잡으라고 말했습니다. 악보대로 연주한 제자로서는 어리둥절했습니다. 골도프스키가 제자의 악보를 살펴보았습니다. 제자 말이 옳았습니다. 악보 인쇄가 잘못된 것입니다. 그는 실험 삼아 숙련된 연주자들에게도 같은 악보로 연주를 시켜보았지만, 누구도 그 오류를 알아채지 못했습니다. 이처럼 초보자는 쉽게 알지만, 전문가는 쉽게 지나치는 오류를 일컬어 '골도프스키의 실수'라 부릅니다. 이러한 사례는 많습니다. 2008년 NASA가 예측한 지구 소행성 충돌 계산의 오류를 지적한 것은 13살 소년이었고, 미국 스미스소니언 박물관이 27년 동안이나 몰랐던 전시 실수를 지적한 것은 5학년 학생이었다고 합니다.

회의에 임하는 리더는 다음과 같은 믿음이 있어야 한다

- 사람은 기본적으로 현명하며, 올바른 일을 할 수 있고, 또 그렇게 하고 싶어 한다.
- 한 사람보다는 팀이 더 바람직한 결론을 도출할 수 있다.
- 모든 사람의 의견은 지위, 계급 여하를 막론하고 똑같이 중요하다.
- 사람들은 자신이 참여한 아이디어나 계획에 대해서는 더욱 헌신적으로 임하게 된다.
- 회의나 워크숍 참석자들은 자신의 결정에 대해 책임이 부여되면, 진정으로 책임감 있게 행동한다.
- 적절한 도구와 훈련이 주어진다면, 팀(부서)은 갈등을 스스로 해결하고 성숙한 행동과 좋은 관계를 유지해 나갈 수 있다.

- 회의나 워크숍 프로세스가 잘 설계되고, 계획대로 적용된다면 바라는 결과를 얻을 수 있다.

그 입 닫아라!

사극을 보다 보면 간혹, '그 입 닫아라.', '저 입에서 어떤 말도 나오지 못하게 하라.'는 대사가 나옵니다. 이런 말을 할 수 있는 사람은 임금이거나 상대보다 서열이 높거나 형벌을 집행하는 등 권위가 있는 사람입니다. 회의장에서 최고의 권위는 의장에게 있습니다. 그러한 의장이 이야기를 많이 한다거나, 다른 방향으로 간다고 해도 어느 사람 하나 그의 발언을 중지시키지 못합니다. 특히 권위적이고 카리스마 넘치는 리더라면 더더욱 그러할 것입니다. 회의장에서 리더는 듣고 판단하는 사람이지 말하고 지시하는 사람이 아닙니다. 리더가 입을 닫으면 닫을수록 오히려 회의 참가자들 사이에는 더 많은 이야기가 오고 갑니다. 그래서 경청은 리더의 뛰어난 자질입니다.

우리는 경청의 중요성을 참 많이 들어왔습니다. 그러나 가장 잘 안 되고 가장 어려운 것 중의 하나가 경청입니다. 경청이 어렵다면 우선 입을 닫고 귀를 열어보세요. 리더가 회의의 의장으로 참석한다면 '나는 말하는 사람이 아니라 듣는 사람이다.'라고 주문을 외우고 회의장에 들어가세요. 그러나 당신이 의장이 아니라 참가자일 때는 말하고 듣기를 적절히 조절해야 합니다.

경청은 회의를 원활하게 진행하는 데 매우 중요한 도구입니다. 경청을 잘하려면 어떻게 해야 할까요? 경청의 3가지 행동원칙을 살펴봅시다.

첫째, 상대방이 말하려는 내용에 관심을 보입니다. 관심을 보임으로써 리더는 말하는 사람에게 집중하고, 주의를 분산시키지 않습니다. 이러한 작은 행동만으로도 상대방은 발표의 부담을 떨치며 한층 고무됩니다. 자신에 대한 이야기나 자신의 의견을 이야기하면 상대방이 부정적인 반응을 보일까 두려워 말하는 것을 주저하는 사람들이 있습니다. 이때 리더가 관심을 보이면 상대방은 명확하게 자기 생각을 표현할 것입니다. 관심은 회의 참가자를 격려하고 토론의 장으로 유도하는 좋은 전략입니다.

둘째, 질문을 통해 내용을 명확히 이해하고, 정보를 수집하고, 대화에 초점을 맞춥니다. 듣는 사람에게 있어 가장 중요한 도구는 질문입니다. 질문을 적절히 사용하면 듣는 사람으로 하여금 수동적인reactive 듣기에서 능동적active 듣기로, 나아가 주도적proactive 듣기로 태도 변화를 일으킬 수 있습니다. 질문을 어떻게 하느냐에 따라서 자신이 들은 내용을 명확하게 파악할 수도 있고, 추가적인 정보도 얻을 수 있습니다. 대화에 집중하고 대화를 이끌어갈 수 있게 하는 것도 바로 질문입니다. 그러나 회의 중에 계속 질문 하는 것은 좋지 않을 수 있습니다. 질문도 해야 할 질문과 하지 말아야 할 질문이 있습니다. 이 부분에 대해서는 별도의 장에서 다루도록 하겠습니다.

셋째, 당신이 이해한 내용을 상대방이 알게 해야 합니다. 상대방이 의도했던 내용과 내가 들은 내용이 반드시 일치하지는 않을 수 있습니다. 이럴 때는 자신이 어떻게 이해했는지 상대방에게 말해주어 잘못 이해

함으로써 생길 수 있는 문제를 사전에 방지하도록 합니다.

경청은 언어적 경청과 비언어적 경청으로 구분합니다. 언어적 경청은 크게 3가지 정도가 있습니다. 첫째, 바꾸어 말하기Paraphrase 기법을 활용합니다. 이는 상대가 말한 내용을 나름대로 소화해서 자신의 말로 다시 표현하는 것입니다. 이것은 화자에게 여러분이 제대로 이해했다는 것을 알려줍니다. 예를 들어, "저는 … 이렇게 말한 걸로 이해했는데 맞는지요?"라고 말하는 것입니다. 둘째, 인식을 조사하는 방법입니다. 이는 바꾸어 말하기와 유사한 방법으로 자신이 제대로 이해했는지를 확인하기 위해서 화자가 말한 핵심 요점을 반복하거나 다시 말하는 것입니다. 인식 체크는 또한 상대방의 감정을 이해하는 것에 집중하는 것이기도 합니다. 마지막으로 요약입니다. 요약은 다른 주제로 넘어가기 위해 이미 말한 것을 종합하여 주요 아이디어, 감정과 요점을 다시 말하는 데 사용합니다.

비언어적 경청은 언어적 경청보다 더 중요한 경우가 많습니다. 주로 눈빛, 앉아 있는 자세, 몸짓 등을 통해서 리더의 심리 상태를 느끼기 때문에 상대방을 경직되게 할 수도 있고, 또 자연스럽게 할 수도 있습니다. 몇 가지 점만 염두에 둔다면 회의 참가자가 의견을 제시할 때 더 자유로워지게 할 수 있습니다. 경계의 마음이 생기지 않도록 리더 먼저 마음을 풀고 개방적인 모습을 보여줘야 합니다. 팔짱을 끼거나 손을 포개고 있는 등의 행동은 삼가면 좋습니다. 의견을 제시하는 사람의 눈을 응시하되 너무 뚫어지게 쳐다보지 않습니다. 다음으로 미소를 짓고 고개를 끄덕임으로써 상대방의 말을 인정해 줍니다. 간단한 메모를 하는 모습을 보이는 것만으로도 참가자는 나의 의견에 대해서 리더가 관심 가져준다고 생각하고 더 적극적으로 자신의 주장을 펼칠 수 있습니다.

경청은 단순히 잘 듣는 것만을 의미하지는 않습니다. 경청을 잘하기 위해서는 몇 가지 필요한 역량들이 있습니다. 관심 표현력, 관심 유지력, 말 자르기 자제력, 평가 유보력 그리고 정보 정리력이 필요합니다. 다섯 가지 하위 역량 중 당신에 풍부한 것은 무엇이고, 부족한 것은 무엇인지 생각해보기 바랍니다. 회의장에서 리더가 경청해준다 생각할 때 구성원들은 더 많은 의견을 제시할 것입니다.

적나라한 의견까지 받아들여라

자신을 향해 쓴소리하는 사람에게 담담하게 대응하기는 쉽지 않습니다. 그러나 리더가 회의 참석자의 쓴소리를 대담하게 받아들일 때 회의는 더 자유로워지고, 더 치열해질 수 있습니다. 발가벗겨진 기분이 들지라도 입에 쓴 약은 회의의 달디단 결과를 가져올 수 있습니다.

10년 전 승승장구하던 삼성화재에 고객 수와 세전 이익이 몇 년째 답보하는 위기가 닥쳤습니다. 일반적으로 이런 상황에서 기업은 소비자 조사를 시행하지만, 독특하게도 삼성화재는 '고객 패널 제도'로 위기를 타개했습니다. 이 제도는 주부를 비롯한 일반인 10여 명을 패널로 선정해 삼성화재에 대한 모든 것을 철저하게 고객 입장에서 조사해 회사에 전달하도록 하자는 것이었습니다. 조사된 문제점들은 날 것 그대로 경영진에게 전달되었습니다. 지나치게 솔직하고 적나라한 비판이 있었습니다. "삼성화재는 빛 좋은 개살구입니다. 보험에 컨설팅 개념을 최초로

도입했다고 홍보하고 있지만, 체험 결과 그 수준은 참으로 민망했습니다.", "삼성은 보험료가 비쌀 것 같고 주위에서 아무도 추천해 주지 않더라고요. 그래서 그냥 비교할 생각이 나지 않았어요.", "삼성은 보험료가 비싸고 갱신 폭탄 맞는다고 해서 비교도 하지 않았어요." 등 듣기 민망한 불평이 가득했습니다. 그러나 고객의 쓴소리를 듣겠다는 확고한 의지의 사람들이 많았고, 이를 통해 총 304건이 경영 개선으로 이어졌습니다.

위의 사례는 기업과 고객의 사이에서 벌어진 일이지만, 일반적인 회의에서도 회의하는 이유 중 하나가 현재의 모습을 더 바람직 모습으로 변화시키기 위해서입니다. 그렇다면 현재 상황에서 숨겨진 이야기까지 들을 수 있어야 합니다. 적나라한 의견까지 듣기 위해서는 계급장 떼고 회의를 진행해야 합니다. 리더는 멍석만 깔고 뒤로 물러나는 모습을 보여야 합니다.

오그라들어도 좋으니 칭찬하라

회의 참석자들이 다른 사람들로부터 존중받는다는 느낌을 받는 동시에, 효율적인 회의를 진행한다면 회의는 모든 사람에게 생산적인 경험이 됩니다. 생산적인 회의에서 사람들은 회의의 목표 달성에 공헌했다는 기분 좋은 감정을 느낍니다.

과거에 경영자들은 칭찬에 인색했고 일부러 무시하기도 했습니다. 그러나 오늘날처럼 상호 기능적인 업무 환경 속에서 칭찬은 절대 위에서 아래로 내려오는 일이 아닙니다. 모든 사람이 동료, 상사, 내 외부 고객, 공급자의 관계에서 칭찬을 사용할 수 있습니다. 누군가가 조직에 이바지했다면 누구나가 이를 칭찬할 수 있는 위치에 있는 것입니다.

업무가 급속히 진행되고 까다로워 스트레스를 받을 때, 타인의 노력을 관찰하여 칭찬하는 것은 매우 중요합니다. 칭찬은 긍정적이고 협조적인 환경을 만들며, 일하기에 쾌적한 환경뿐 아니라 위험에 도전하여 개인적인 성장을 이루는 훌륭한 자극이 되기도 합니다.

칭찬은 많은 조직이 거의 쓰지 않는 중요한 자원입니다. 사람들은 자신이 가치 있다고 인정받고 싶어 하고 자신의 업무가 잘 진행되는지 확인받고 싶어합니다. 게다가 칭찬은 더욱 노력하도록 서로를 이끌기도 합니다. 칭찬은 회의의 목표를 성취하도록 이끄는 강력한 역할을 합니다.

그래서 칭찬은 올바른 결과를 낳는 행동을 반복하도록 하고, 자존감과 자신감을 심어주며 끊임없이 변화하는 상황의 중심에 설 수 있도록 돕고 소속감을 강화하여 회의의 적극성을 배가시킬 수 있습니다. 칭찬은 적극적으로 활용해야 할 회의의 긍정적인 촉진제입니다. 리더는 칭찬을 아끼지 말아야 합니다.

사실, 인정과 칭찬, 격려는 회의 장소만이 아니라 업무상 대화나 일상 대화에서 빈번하게 이루어져야 합니다. 회의장의 분위기를 좀 더 밝게 하려면, 언제 어떻게 칭찬해야 하는지 그 방법을 알아봅시다.

첫 번째, 칭찬할 기회를 포착합니다. 강조할 행동을 정하고 칭찬을 할 기회를 암시하는 단서나 신호를 찾습니다. 이때 획기적인 업무뿐 아니라 작은 업적도 찾아냅니다. 개인의 기여뿐만 아니라 부서의 기여도 찾아낸 후에 칭찬의 적당한 방법과 형식을 결정합니다.

두 번째, 즉시 자세하게 칭찬받을 행동을 묘사합니다. 언제 그 행동을 했으며 어떤 문제를 해결했는지 등의 세부사항을 언급합니다. 마지막으로 상대의 행동이 당신과 조직에 미친 영향을 말합니다. 왜 그 행동이 조직과 당신에게 중요한지 그 결과를 중심으로 구체적으로 알려줍니다.

지적할 것은 지적하라

앞에서 리더는 좀 더 많이 듣고, 좀 더 적게 말하고, 좀 더 포용적이 되고, 좀 더 인정하고 격려해야 한다고 말했습니다. 최근에는 서번트 리더십, 포용의 리더십, 감성 리더십, 긍정 리더십 등 따뜻함을 많이 강조하는 추세입니다. 한때는 중성자탄이라는 별명을 가진 GE의 잭 웰치 회장도 최근에는 포용적 리더십이 필요하다고 말하고 있습니다.

그렇다고 관대해지라는 뜻은 아닙니다. 리더는 성과를 만들어 내는 사람이기도 합니다. 따라서 구성원들이 옳지 않은 결과에 대해서는 지적하고 방향을 제시해야 할 의무가 있습니다. 그러나 이 말은 양날의 칼입니다. 옳지 않은 결과라는 것이 단순히 리더의 판단이거나 상부의 지시에 따르는 것이라 느끼게 하면 안 됩니다. 그렇게 되면 회의 참가자는 피드백이 아닌 받아드려야 할 지침으로 해석하고 말을 아끼게 됩니다. 또한, 지적이 많아진다는 것은 리더의 말이 많아지는 것을 의미하기 때문에 앞서 이야기한 바람직한 회의를 진행되는 데 방해의 요소가 될 수 있습니다. 특히 개인적인 지적이라면 회의 후에 별도로 피드백하는 것이 바람직합니다. 존중받고 있다는 생각이 들기 때문에 오히려 리더의 의견에 대해 감을 갖지 않습니다.

피드백은 강화를 위한 피드백Positive Feedback과 개선을 위한 피드백 Feedback for improvement이 있습니다. 강화를 위한 피드백은 잘해온 일을 강화하여 지속성을 촉진합니다. 이때는 말했거나 행한 것이 무엇인지 What, 왜 그것이 효과적이었는지Why를 알려주어야 합니다.

개선을 위한 피드백은 개선이 필요 부문을 파악하고 대안을 제시하는 것입니다. 이때는 말했거나 행한 것이 무엇인지What, 제시하는 대안은 무엇인지Alternative, 왜 그 대안이 효과적인지Why의 순으로 말하면 좋습니다. 두 가지 피드백은 모두 적시에Timely, 구체적으로Specific, 진지하게Sincere, 균형 있게Balanced 제시해야 합니다.

아울러, 피드백이 올바르게 적용되길 바란다면 다음 3가지를 유념해야 합니다.

첫째, 개인적 감정을 빼고 논리적으로 지적합니다. 성과가 좋지 않거나 이미 지시한 사항인데 올바로 수행하지 못한다면 화가 나는 것은 당연합니다. 그러나 그런 감정은 자제해야 합니다. 회의 참석자의 발언이나 지난 일에 대해 진척이 되지 않는다면 상대의 문제점을 자세히 관찰한 뒤에 감정을 싣지 않고 있는 그대로 피드백해야 합니다. "그러니까 ~~란 이야기이군요."라고 먼저 상대의 말을 요약합니다. 이때 '그러니까'에 부드러운 감정을 담아야 말을 자르는 느낌이 들지 않습니다. "그렇게 되면 문제가 발생하고 있다고 볼 수 있지 않을까요? 어떻게 생각하나요?"라고 질문형태로 상대가 문제점을 이야기할 수 있도록 해야 합니다.

둘째, 담백하게 핵심을 말합니다. 불편한 이야기를 해야 할 때는 내가 느끼기엔 이러저러하다고 표현합니다. 그러면 상대의 감정을 아프게 하거나 다치지 않으면서도 내가 원하는 바를 전달할 수 있습니다. 바로 I-message를 활용하는 것입니다. I-message는 문제를 효과적으로 해결하는 대화의 기법입니다. 비록 문제의 원인이 상대방의 잘못된 행동에 있을지라도, 상대방을 비난하지 않고 문제 자체에 집중함으로써 결과적으로 최소한의 에너지만으로 서로의 문제를 해결할 수 있게 해주는 방법이기도 합니다.

I-message의 원칙은 간단합니다. 세계적인 임상심리학자 톰 고든 Thomas Gordon은 먼저 있는 그대로의 사실을 말한 후에 감정을 말하고, 건설적인 의도로 말하라고 합니다. 사실·감정·의도는 쉽게 이해할 수 있습니다. 하지만 여전히 많은 커뮤니케이션 교육에서 이 기법을 활용되고 있습니다. 그만큼 어려운 일이기 때문입니다. 그래서 I-message는 단순한 기법이라기보다는 자신에 대한 성찰과 상대에 대한 배려에 가까운 것입니다.

셋째, 비난이 아닌 건설적 피드백이 될 수 있도록 유도합니다. "일 처리 이딴 식으로 할 거야", "너 때문에 내가 일이 안 되잖아", "머리는 폼으로 달고 다녀?"… 만약, 당신이 이런 말을 듣는다면 어떤 감정이 들까요? 뭔가 의욕이 불타서 더 좋은 결과를 만들어야겠다는 생각이 드나요, 아니면 그 말을 하는 사람의 입을 막아버리고 싶은가요? 당신이 느끼듯이 상대도 그렇게 느낄 수 있음을 유념해야 합니다. 바람직한 지적은 이런 말로 시작해야 합니다. "우리 부문(조직)의 목표를 알고 있지요?", "~~을 해주면 조직에 큰 도움이 되겠네요.", "성과를 만들어낼 수 있는 좋은 방법이 있을지 상의해봅시다."

건설적 피드백을 위한 행동원칙을 좀 더 구체적으로 살펴봅시다. 건설적 피드백을 받는 상대방은 올바른 지적이라는 느낌이 들 것입니다.

첫 번째 행동은 긍정적 의도를 확실하게 전달해야 합니다. 만약 긍정적 의도를 확실하게 전달하지 못한다면(설사 당신이 높은 위치에 있다 하더라도) 상대방은 방어적인 태도를 보이게 될 것이며, 리더가 자신을 비난한다고 생각할 것입니다.

두 번째는 관찰한 바를 구체적으로 설명해야 합니다. 자세한 설명이 부족하면 회의 참가자는 어떤 행동에 대해 말하는지 모르며, 주관적으로 피드백을 준다고 생각합니다. 결국, 낮은 수준의 신뢰관계가 형성되게 됩니다.

세 번째 행동은 상대방의 그릇된 행동이 미치는 영향을 언급해야 합니다. 만약 이 부분이 부족하다면 자신의 행동이 문제를 초래하고 있다고 인식하지 못합니다. 또한, 피드백을 비중 있게 받아들이지 않게 될 수 있습니다. 대부분 사람은 자신의 행동에는 문제가 많지 않다고 인식하는 경향이 있기 때문에 이를 정확하게 알려주어야 합니다.

당신의 모호한 결정이 사람들을 혼란스럽게 한다

회의는 결론을 내기 위한 것이고 결론이 나지 않는 회의는 무익합니다. 하지만 회의를 하면 반드시 결과가 나온다고 단정할 수 없습니다. 결론을 내기 위해서는 참석자 전원의 노력과 목적의식, 서로의 협력이 중요합니다.

그러나 아무리 뛰어난 리더라 해도 늘 최선의 결정을 내리는 것은 아닙니다. 오히려 의사결정을 내려야 하는 순간이 지나치게 잦고 이 과정에 개입하는 타인의 의견이 많아 판단의 질적 수준이 떨어질 때가 적지 않습니다. 그러한 상황에서는 느린 직감slow hunch을 이용해야 합니다. 결정은 충분히 들은 후 내려도 늦지 않습니다. 충분히 듣기가 되지 않은 경우 참가자들의 결정사항에 대해 책임감이 떨어지고 의무감만 남게 됩니다. 이러한 의사결정의 대가는 혹독할 뿐입니다.

리더는 중요한 것을 결론 낼 때에는 서로가 넓은 생각을 가질 수 있도록 도와야 합니다. 의견이 모이지 않을 경우 완전한 타협점을 찾아내려 하지 말고 적절한 의사결정 지점을 찾아야 합니다. 아무리 노력해도 타협이 되지 않아 결론이 나지 않을 때는 강제적으로 어떤 규칙을 통해 결정하기도 합니다. 예를 들면, 다수결 또는 회의 리더의 직권으로 결정해야 합니다. 단, 결정을 내릴 때는 결정의 실행자가 개인적으로 보람을 느낄 수 있는 수준의 업무를 할당하고, 나아가 업무와 연관해 개개인의 능력을 발휘할 수 있도록 '나'에 대한 혜택을 고려해 의사결정을 하도록 합니다. 이러한 배려가 리더에 대한 신뢰와 존경을 낳습니다.

결정을 내릴 때 해야 할 행동이 있습니다. 일단 기대하는 결과를 명확하게 제시하고, 적합한 사람에게 역할을 부여하되 권한까지 함께 주어야 합니다. 기한도 정해야 합니다. 기한의 정함이 없다면 그것은 결정된 것이 아닙니다. 일부 리더들은 '다음 회의에서 확인할 겁니다.'라고 말하는데 이는 적절한 지침이나 결정이 아닙니다. 예를 들면 "우선 근본 원인을 다시 한 번 검토해서 오늘 오후 ○○시에 제 방에서 얘기해주세요. 문서로 만들 필요는 없습니다. 수요일까지는 해결방안을 모색해보시고 수요일 오전 ○○시부터 30분간 간단하게 해결 방안에 대해 의견을 나눕시다. 그리고 다음 주에 개최되는 회의에서 최종적인 결정을 내리도록 하지요."라고 구체적으로 지침을 제시해야 합니다. 기한의 정함이 있는 지침은 많은 일을 해낼 수 있게 합니다. 단, 이때 필요 없는 요식 행위를 하지 않도록 지침을 주는 것이 좋습니다.

의장이 아닌 진행자에게
권한을 부여하자

사람들의 직업과 조직은 모두 다르지만, 거의 모든 사람이 공통으로 하는 일이 있습니다. 바로 회의에 참가하는 것입니다. 회의를 통하여 사람들은 더욱 효과적으로 일하고, 더 나은 제품과 서비스를 제공하며, 고객을 더 만족하게 하는 방법을 얻습니다. 사업에 필요한 여러 요소를 충족시키고 더 나은 방법을 모색할수록 회의는 다양한 형태와 참가자를 모으며 모든 조직의 가장 보편적인 일이 되었습니다.

조직이 회의를 여는 이유는 분명합니다. 여럿이 모여 의견을 나누는 회의가 전화나 일대일 대화보다 더 많은 정보를 빠르게 공유하고, 문제를 해결하는 데 걸리는 시간을 절약할 수 있기 하기 때문입니다. 회의를 통하면 참가자들 모두가 회의 현안이나 주제를 동시에 이해할 수 있습니다. 한 사람이 결정을 내린다면 빠를 수 있지만, 회의를 통하면 필요한 지식과 아이디어를 종합적으로 비교 판단하여 최선의 결정을 내릴 수 있습니다. 이러한 최선의 결정은 그 이점이 모두에게 돌아갑니다.

한 조직의 리더는 이러한 회의의 장점을 누구보다도 잘 알고 있습니다. 따라서 리더는 회의를 통해 조직의 성과를 극대화하고 싶어합니다. 그러나 리더가 모든 것을 준비하고 실행할 수 없습니다. 회의에서 리더의 역할은 어디까지나 후원자에 해당하므로 실행을 위한 전문적인 역할을 다른 구성원에게 일임해야 합니다. 바로 퍼실리테이터가 필요한 이유입니다. 퍼실리테이터는 회의를 효율적·효과적으로 진행하는 전문적인 진행자입니다. 회의에서는 리더만큼이나 퍼실리테이터의 역할이 매우 중요합니다. GE의 전前 회장 잭 웰치는 "업무 개선 프로젝트 리더의 채용 요건은 프로젝트 매니지먼트 능력, 퍼실리테이션 및 프레젠테이션 능력이다."라고 말했습니다. 그만큼 퍼실리테이터의 능력은 기업 변화와 중요한 관계에 있습니다.

그러나 우리의 현실은 회의에 퍼실리테이터를 등장시키지 않습니다. 대부분 회의 시간과 발표 순서를 관리하는 관리자로서의 '진행자 또는 사회자'를 지정할 뿐입니다. 그리고 의장이 되는 최고 리더나 결정권자가 전체적인 진행을 하는 경우가 많습니다. 최고 의사결정권자가 진행하는 회의에서 참가자들은 자유롭게 발언하지 못합니다. 오히려 결정권자의 의중을 파악하는 데 치중할 수 있습니다. 현명한 리더라면 회의 진행을 넘기고 자신은 오로지 후원자로서 말을 아끼는 편이 낫습니다. 리더는 퍼실리테이션 교육을 이수한 전문적인 진행자를 선임해야 합니다. 리더로부터 권한을 위임받은 퍼실리테이터는 어떤 역할을 해야 하는지 살펴봅시다.

회의의 목적을 공감하고 있는지 확인하자

필자는 회의문화 혁신 프로젝트의 결과를 고객사 CEO에게 보고했습니다. 1시간가량 진행된 보고는 개선 결과와 앞으로 해야 할 전략과제 제시를 중심으로 이뤄졌습니다. 회의가 아니므로 필자가 일방적으로 설명했으니 지루할 수 있었지만, 고객사의 CEO는 지치는 기색 없이 필자의 이야기에 귀를 기울였습니다. 그만큼 회의문화 혁신에 대한 강렬한 열망이 있다는 뜻으로 해석할 수 있습니다. 그리고 이러한 바람은 모든 조직의 리더가 품고 있는 생각이기도 합니다.

필자는 보고를 마쳐가며 마지막으로 3가지를 강조했습니다. 전제는 "만약 제가 회사의 CEO라면…"으로 시작했습니다.

내가 만약 회의를 바꿔야 한다면, 먼저 '회의 목적 명확화'에 신경 쓰겠다고 밝혔습니다. (나머지 두 가지는 다른 장에서 다루도록 하겠습니다.) 모이는 목적을 초반에 명확히 하는 것만으로도 회의 효율성과 효과성을 높일 수 있기 때문입니다. 이를 뒷받침하는 사례로 세계적 기업 인텔을 살펴볼 수 있습니다. 인텔은 본사의 회의실에 "미팅의 목적을 모른다면, 미팅을 시작할 수 없습니다.If you don't know the purpose of your meeting, you are prohibited from starting."라고 분명히 제시하고 있습니다.

회의 시작 전에는 회의 계획서가 공지됩니다. 이때 중요한 것은 회의에서 다룰 안건과 자료도 사전에 배포해야 한다는 점입니다. 회의가 논의가 아닌 발표 위주로 가는 이유는 사전 자료 배포가 안 되었기 때문입니다. 참석자는 회의에서 다룰 내용을 미리 숙지하고 있어야 합니다. 또한, 회의에서 논의하지 않을 사항에 대해서는 별도의 목록으로 미리 정하는 것이 좋습니다.

안건을 제시할 때는 키워드보다는 질문 형태가 좋습니다. "신제품 프로모션 일정 협의"보다는 "신제품 프로모션을 언제까지 마무리해야 하는가?"가 더 명확합니다. 각 안건에 따라 참여자의 역할을 알려야 합니다. 해당 안건별로 목적이 정보 공유sharing information인지, 아이디어 도출generating ideas인지, 의사결정making a decision을 위한 것인지 등을 명확히 밝혀야 합니다.

회의 계획서가 명확하게 작성되어 공유되었다 하더라도 회의 시작 전에 퍼실리테이터는 참석자들에게 당일 회의의 목적을 각자 포스트 잇에 적어 화이트보드에 붙이라고 지침을 주는 것이 좋습니다. '높은 사람들에게 어떻게 그런 걸 시킬 수 있어?'라는 부담이 있을 수 있습니다. 그러나 회의는 평등한 것입니다. 모든 사람의 의견은 존중되어야 하며 동등한 입장에서 자유롭게 자신의 의견을 개진할 수 있어야 합니다. 그렇다고 서로 다른 방향을 생각하면서 자유롭게 의견만 개진하는 것도 문제입니다. 회의의 목적을 명확화하려는 이유가 바로 여기에 있습니다. 자유로운 의사표현이지만 항상 목적을 생각하자는 의도입니다. 같은 목적을 가지고 출발한 배가 정확하고 빠르게 목적지에 도착할 수 있는 법입니다. 다른 목적을 가진 사람들은 한 방향으로 정렬하기 어렵습니다. 목적에 대한 공감을 미리 확인하지 않고 출발하는 우를 범하지 않기 바랍니다.

좋은 질문을 던지는 사람이 되자

2015년 중앙일보가 여론 조사 기관인 리서치앤리서치와 함께 전국 37개 대학 재학생 6,800명을 대상으로 일대일 면접 조사를 한 결과, 학생 10명 중 3명(28.8%)은 "한 학기 동안 수업 중 토론에 참여해 말한 적이 한 번도 없다."고 답했습니다. 이에 비해 미국 학교교육평가협회NSSE가 2015년 대학 재학생을 대상으로 유사한 항목으로 조사해보니 토론 참여 경험이 없는 학생은 2%에 불과했습니다. 같은 조사에서 교수로부터 질문을 받아 본 학생은 12.7%에 그쳤습니다. 강의당 한 번 이상 교수에게 질문을 한 학생도 15.9%였습니다. 우리는 이처럼 토론과 질문에 익숙하지 않은 상황에서 생활하고 있습니다. 그래서 질문의 형태와 유형을 이해하고 적절히 활용하는 것이 중요합니다.

회의에서 할 수 있는 질문은 크게 4가지이다

첫 번째는 개방적 질문Open Question입니다. 상황설명을 요구하거나, 대안을 도출, 사고를 촉진할 때 유용합니다. 예를 들면, 상황 설명을 요구할 때는 "그때 상황이 어떠했는지 설명해주시겠습니까?"라고 할 수 있습니다. 대안 도출 시에는 "이런 경우 ○○○는 어떻게 생각하나요?"이고, 사고촉진을 위한 개방적 질문은 "주요 현안이 무엇이라고 생각합니까? 그러면 다음에 어떤 절차를 거쳐야 할까요?"입니다.

두 번째는 폐쇄적 질문Closed Question입니다. 명확화와 확인을 위한 질문으로 "그것이 언제였나요?", "기한이 언제까지입니까?", "무엇이 맞습니까?" 등이 이에 해당합니다.

[표 7] 개방형 질문과 폐쇄형 질문	
개방형 질문	폐쇄형 질문
· 참석자로부터 자유로운 의견개진이나 대답을 원할 때 · 일상적인 정보가 필요할 때 · 토의를 유도하고 촉진하고자 할 때	· '네, 아니요.' 정도로 사전에 답이 정해져 있는 질문 · 회의 초기에 가벼운 질문으로 시작할 때 · 논점을 좁히거나 논의를 유도할 때
예) "이번 회의 아젠다가 왜 정해졌다고 생각하십니까?" 　: 구체적인 사람을 지명하지 않고 전체를 향해 던지는 질문이기 때문에 답변이 없을 수도 있음. 　: 질문의 목적은 상대의 관심과 참여를 유도한 것임. 　→ 주관자가 묻고 답변을 기다리면 차석급이 답변하는 경우가 많기 때문에 잠시 시간을 주고 지명질문을 하는 것도 좋은 방법임 "고객들이 가장 불편해하는 것이 무엇인지 말씀해주시겠습니까?" "지금까지 말한 측면 외에 다른 관점에서 문제는 어떤 것이 있을까요?" "만약 OO이 결정권자라면 무엇을 더 검토하겠습니까?"	예) "여러분, 오늘 날씨 좋지요?" "원인이 A/S에 있다고 각하십니까?" 　: 이때는 질책성 발언보다는 논점을 좁혀서 핵심원인을 찾을 수 있도록 유도해야 함

세 번째는 유도적 질문Leading Question입니다. "~~이라고 생각하십니까?", "저는 ○○○의 의견이 ~~이라고 생각하는데…" 등입니다.

네 번째는 판단적 질문Judgement Question입니다. "누가 그것을 ~~나로 생각하겠습니까?", "아직 확인 안 해보셨지요? 그렇지요?" 등이 이에 해당합니다.

위와 같은 4가지 형태의 질문은 각기 그 필요한 시점이 다릅니다. 바람직한 질문은 하나의 쟁점에 대해서만 분명하고 간결하게 질문하는 것입니다. 사고를 촉진할 수 있는 자극적인 질문을 하는 것이 좋습니다. 회의에 참여하는 사람들이 알만한 사실에 근거해서 이치에 맞는 질문을 해야 합니다. 반면 여러 가지 쟁점에 대해 두서없고, 모호한 질문, 잘

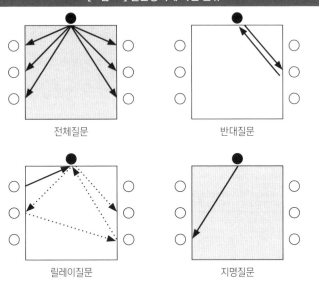

[그림 14] 질문방식에 따른 분류

전체질문

반대질문

릴레이질문

지명질문

생각하지 않아도 답이 나오는 쉬운 질문, 대부분 사람이 대답할 수 없는 어려운 질문, 회의 참가자를 바보로 만드는 교묘한 질문 등은 바람직하지 못한 질문이므로 주의해야 합니다.

질문 방식에 따라 전체질문, 반대질문, 릴레이 질문, 지명질문으로 구분할 수 있습니다. 시작 단계, 의견도출 단계, 결론유도 단계, 종결 단계에 질문을 적절하게 활용하면 좋습니다.

참석자들이 적절한 답을 했을 때는 적극적으로 격려를 해주어야 합니다. 하지만 질문에 대한 답도 토론장에서는 하나의 의견이기 때문에, 지나치게 답에 대해서 칭찬을 하거나, 지지하는 것은 다른 참석자들로 하여금 그 의견이 올바른 의견이란 생각을 하게 할 수 있습니다. 이렇게

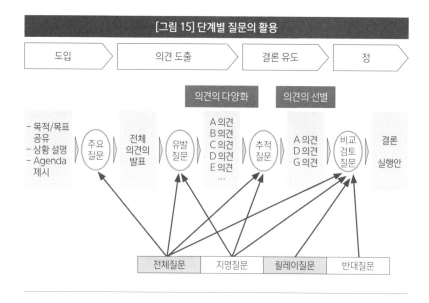

[그림 15] 단계별 질문의 활용

되면 퍼실리테이터는 자신의 중립성을 잃을 수 있습니다.

반면에 적절하지 않은 답을 들을 때고 있습니다. 사람들은 본인이 그릇되거나 불완전한 답을 냈다는 것을 깨닫게 되면 당혹감을 가질 수 있습니다. 당사자가 느끼는 당혹감을 최소화하면서 이러한 상황을 어색하지 않게 넘기기 위해서는 답의 내용에 상관없이 답을 찾으려는 노력을 인정하는 발언을 신경 써서 해주어야 합니다. 예를 들면, 아래와 같습니다.

'그것도 흥미로운 생각입니다만, 누구 또 다른 의견 가진 사람 있나요?'

'그것도 한 가지 방법이 될 수 있겠네요. 다른 의견 있습니까?'

올바르게 참여할 수 있도록 지원해야 한다

아이디어 개발은 회의에서 가장 중요한 부분입니다. 자신이 아이디어를 제시하기 전에 먼저 참가자들에게 아이디어를 요청해야 합니다. 그들은 업무에 대해 더 잘 알고 있으며 현실적인 대안을 제안할 수 있기 때문입니다. 회의목적을 달성하기 위해 사람들의 협조를 얻어야 합니다. 사람들은 자신이 참여해 만든 계획을 수행할 때 더욱 자발적으로 참여합니다. 제안을 권장하는 것은 자긍심을 높여주는 것이기도 합니다. 이것은 결국 참여를 증진 시키는 일입니다.

"이 주제에 대해 좋은 아이디어를 가진 분 계십니까?"

아이디어를 개발하는 데 도움이 되는 기법에는 브레인스토밍과 제안 발전시키기가 있습니다. 브레인스토밍 단계에서는 참가자들이 생각, 아이디어, 제안과 같은 것들을 비판하거나 평가하지 않고 자유로이 제시하도록 장려합니다. 기업에 근무하는 사람 가운데 브레인스토밍을 모르는 사람은 없을 것입니다. 그런데 알고 있음과 실제 그렇게 함은 다릅니다. 익숙한 브레인스토밍을 제대로 쓰지 않는다는 말입니다. 브레인스토밍에서 다루어야 할 핵심적인 내용을 정리하면 다음과 같습니다.

브레인스토밍이 효과를 거두려면 리더와 퍼실리테이터의 노력이 필요합니다. 브레인스토밍의 목적은 더 많은 아이디어를 얻기 위한 것으로 한 사람의 아이디어를 더 구체적으로 다듬고, 발전적인 제안을 만들어 갈 수 있습니다. 따라서 비현실적이거나 유별난 아이디어도 가치가 있음을 유념합시다. 아이디어의 평가는 충분한 아이디어를 얻은 후로 미뤄야 합니다.

다른 사람의 아이디어에서 유용한 부분을 활용함으로써 아이디어를 발전시킬 수 있습니다. 즉, 초기의 아이디어를 개선하여 구체화하고 발전시켜 나갑니다. 그리고 아이디어가 구체화 되면서 각 아이디어에 대한 자신의 이해가 올바른지, 참가자들의 이해도를 점검하는 과정도 필요합니다. 이런 방법으로 자긍심을 유지하면서도 자발적인 참여를 고무시키며 실천단계에서 헌신을 이끌어내도록 합니다. 토론된 모든 정보를 요약함으로써 아이디어를 더욱 명확하게 하고 모든 참가자가 이슈나 주제에 대해 이해를 공유하도록 합니다. 또한, 이것은 토론의 방향을 유지하는 데도 도움이 됩니다.

제안된 모든 아이디어에 대한 토론이 끝나면 어떤 아이디어를 실행할 것인지 결정해야 합니다. 결정된 내용에 대해 팀원의 자발적인 참여를 얻을 수 있는 가장 좋은 방법은 전원합의Consensus를 이끌어 내는 것입니다. 전원합의Consensus가 이루어진 아이디어의 실행은 더욱 쉬워집니다. 합의를 이루려면 먼저 참가자들에게 그들이 선호하는 대안이 어떤 것인지 물어보도록 해야 합니다. 각 대안을 토론함으로써 참가자들은 최종 결정을 거부감 없이 받아들일 수 있습니다.

권위를 가지고 진행하고 상황 대응적이 되자

퍼실리테이터는 권위를 가지고 회의에 임해야 합니다. 회의장에서 리더보다 더 권위 있어야 하는 사람은 퍼실리테이터입니다. 통제적 권위를 가지라는 뜻이 아닙니다. 격식은 있되 자연스럽게, 권위는 있되 참가자들이 자유롭게 자기 생각과 의견을 나눌 수 있도록 촉진해야 합니다.

회의를 진행하다 보면 퍼실리테이터 본인의 역량보다 참여자들 때문에 힘든 경우가 많이 발생합니다. 따라서 퍼실리테이터는 사람들이 올바르게 의견을 제시하고 참여할 수 있도록 지원해야 합니다.

회의 현장에서 발생하는 다양한 상황에서 참가자들이 올바르게 참여하게 하려면 퍼실리테이터는 어떻게 해야 할까요? 각 상황에 따른 퍼실리테이터의 대응 방법을 살펴보고, 이를 각자의 현장에도 적용해 봅시다.

첫째, 발언이 적어지는 경우입니다. 이때 퍼실리테이터는 의사 내용을 충분히 설명하고 이해시키거나 심의 내용을 보아 적당히 다음 안건으로 넘어가며 휴식하거나 일시 중지로 기분을 전환하는 방법으로 대응할 수 있습니다. 심의를 계속할 필요가 있는 경우는 발언할 수 있는 사람을 지명하여 적극적으로 의견을 끌어내 전체의 사기를 높일 필요가 있습니다.

둘째, 사적인 말이 너무 많아지는 경우입니다. 잠시 쉬거나 커피 타임을 가지며 상황을 차단합니다. 동시에 회의 리더가 확실하게 전원에게 주의 주어 회의 규칙을 지키도록 유도합니다. 이 과정에서는 다음과 같은 행동이 바람직합니다.

- 이탈된 내용이 주제와 어떤 관계가 있는지를 묻는다.
- 참석자의 발언을 주제와 결부시켜 주제에 관한 토의로 들어가도록 이끈다.
- 주제와 밀접하게 관계있는 새로운 화제를 제공한다.

- 이탈된 토의를 중단하도록 제안하고 양해를 구한다.
- 이탈된 토의를 잠시만 인정한다.
- 토의된 내용을 요약하고 끝맺는다.

셋째, 높은 상사가 많아 분위기가 굳어지는 경우도 있습니다. 이럴 때에는 회의 전에 커피 타임 등으로 자연스러운 분위기를 조성하도록 합니다. 또한, 높은 상사가 원하는 사항을 사전에 확인하고, 빨리 원하는 사항을 협의하는 쪽으로 이끕니다. 분위기 활성화를 위한 자유 촉진 발언, 유머 등을 활용할 수 있습니다.

넷째, 감정적인 발언이나 말다툼이 생기는 경우입니다. 냉정함을 되찾을 수 있는 시간적 여유를 둡니다. 퍼실리테이터의 직권으로 질의를 중단시키고 다른 참석자에게 그 문제에 대한 발언을 구하고 전원이 참가하는 형식으로 진행합니다. 냉각기간을 두기 위해 전체 휴식 시간을 가지며 기분을 전환합니다.

다섯째, 스마트폰이나 전화 등으로 진행에 방해를 받는 경우가 있습니다. 회의 시작 시 전화 응대에 대한 기본 규칙 준수를 당부해야 합니다. 또한, 회의의 소요 예정 시간을 공지하며, 통화는 회의 후 이뤄질 수 있도록 당부합니다. 스마트 폰을 활용해 필요 정보를 검색하도록 한 후에는 차단할 것을 요청합니다. 스마트 폰에 집중하면서 주제에 관심이 없을 때는 주의하라고 경고하거나 명확한 통제를 가해야 합니다.

[참고] 긴 회의를 지겹지 않게 하는 방법

1. 자리이동: 회의가 수 시간 이상 지속하거나 사람들이 들떠 있는 것 같다면, 참석자들이 정기적으로 다른 자리나 다른 사람 옆에 앉도록 권합니다. 모임이 활기를 띨 수 있도록 작은 공을 이용하여 공을 가진 자가 발언하고, 발언이 끝나면 자신의 공을 다른 사람에게 넘겨 발언하게 하는 게임의 요소도 고려할 수 있습니다. 참석자들을 토론하는 중에 화이트보드 주위로 모이도록 하는 방법이 있습니다. 이때는 일어서서 함께 논의하는 것이 좋습니다.

2. 음악: 잘 마련된 음악은 회의의 속도에 변화를 주고 참석자들의 흥미를 유발해 회의 분위기를 고양할 수 있습니다. 예를 들면, 어떤 포인트나 문제를 강조하기 위해 특정 주제를 토론하는 순간에 음악을 이용하는 것입니다. 음악은 냉정해지게 하고, 의견충돌을 막고, 창의성을 자극할 수 있습니다.

3. 장난감 등 소품: 사람들이 수 시간 동안 가만히 앉아 있으면, 이들은 안절부절못하거나 긴장해질 수밖에 없습니다. 작고 소리가 나지 않는 장난감류를 이용하면 이들의 손동작을 편안하게 하여, 긴장을 푸는 데 도움을 줄 수 있습니다.

4   휴식: 10분이 넘지 않는 짧고 잦은 휴식은 어쩌다 갖는 긴 휴식보다 낫다. 휴식시간은 회의의 진행과정을 돌아보거나, 의견이 상반되어 논쟁했던 사람과 이야기할 수 있는 좋은 시간이 되기도 합니다.

04
회의 참가자가 회의를 완성한다

진짜회의에서는 "백지장도 맞들면 낫다"는 속담을 실감할 수 있습니다. 다른 관점을 접하면, 더욱 새로운 아이디어가 떠오르기도 합니다. 한 사람의 아이디어가 바탕이 되어 다른 사람들의 의견과 결합할 때 생산적인 해결책으로 발전할 수 있습니다. 이러한 작은 성공 체험이 회의의 흥미와 효과를 높이는 요소입니다.

때때로 회의 참가자들은 주제의 방향 감각을 잃고 방황합니다. 어떤 회의는 아무런 성과가 없다고 느낄 수 있습니다. 이러한 상황이 벌어지는 이유 가운데 하나가 회의 참가자가 자신의 역할을 다하지 않기 때문입니다. 리더와 퍼실리테이터처럼 회의 참가자에게도 요구되는 역할이 있습니다. 생산적인 진짜회의란 단지 리더의 책임이 아닙니다. 그것은 모든 사람의 책임입니다. 생산적인 회의가 되려면, 모든 사람의 참여의

식이 필요합니다. 결국, 회의는 참석자들의 올바른 참여를 통해 완성될
수 있습니다.

회의 목적과 목표를 정확하게 이해하고 참석하자

모니터링을 하다 보면 전혀 관심이 없는 회의 참가자를 만나기도 합
니다. '왜 저 사람은 저기에 앉아 있고 도대체 무슨 생각을 하는 것일까?'
라는 의구심이 들 때가 있습니다. 그래서 컨설팅 후반 무렵, 회의에 참
가하는 모든 사람에게 회의 전에 가진 목적, 목표, 회의의 유형을 적어
보게 했습니다. 그리고 회의가 끝난 후 목적, 목표 등에 대한 달성도는
어떠했는지, 본인의 참여 의지는 어떠했는지 다시 확인했습니다. 이 과
정을 통해 놀라운 사실을 발견할 수 있었습니다. 회의에 참여하는 모든
사람이 같은 방향과 목적성을 가지고 있지 않다는 것이었습니다.

이는 회의를 주최하는 사람이 원인이 될 수 있습니다. 왜냐하면, 회의
공지를 통해 회의 시작 전 해야 할 활동을 충분히 주지시키지 않았을
수 있기 때문입니다. 반면, 회의에 임하는 참가자의 태도에 문제가 있는
경우도 있습니다. 회의 참가자는 회의를 왜 진행하는지, 성취해야 할 목
표와 이유를 정확하게 알아야 합니다. 따라서 회의 전 배포된 안건을 숙
지하고 참석해야 합니다. 회의 참가자는 의제의 해결방법에 대해 고민
하고 해결책을 미리 준비하는 관심을 가져야 합니다. '나는 회의에 임하
기 전 회의에 대해서 깊이 생각했는가?'라고 자신에게 질문을 던져보기
바랍니다.

회의 참가자가 지켜야 할 기본 행동이 있다

회의 참가자가 사전 준비를 철저히 하여 회의에 참가해도 가장 기본적인 행동을 지키지 않아 불필요한 오해를 불러올 수 있습니다. 성의를 다해 회의 준비를 하는 것 못지 않게 회의에 임하는 자세 역시 참가자의 중요한 역할 가운데 하나입니다. 그 가운데 가장 기본적으로 준수해야 할 행동을 살펴보면 다음과 같습니다.

첫째, 회의 시간에 늦어서는 안 됩니다. 회의에 늦는 것은 모든 사람의 시간을 낭비하는 일임을 명심해야 합니다. 반드시 회의 시작 전에 참석하여 회의가 지연되는 일이 없도록 해야 합니다.

둘째, 진행자의 동의를 얻어 발언합니다. 회의 참가자는 별도의 발언이 필요할 경우, 발언권을 얻어 진행해야 합니다. 이 경우에도 제한된 시간 내 마무리될 수 있도록 핵심 내용을 중심으로 발표해야 합니다. 중복 발언이나 회의와 관련 없는 발언은 자제해야 한다는 뜻입니다. 특히 새로운 아이디어가 없음에도 단지 자신의 존재를 확인시키기 위한 발언은 삼가야 합니다.

셋째, 남의 의견을 존중해야 합니다. 회의 참가자가 자주 지키지 못하는 기본 행동 가운데 하나가 타인에 대한 배려입니다. 자신의 의견만 주장하고 상대방의 의견을 존중하지 않는 태도, 상대방의 의견을 비판하거나 훈시 또는 강연 조의 말투, 남의 발언에 급작스럽게 끼어드는 행위 등은 지양해야 합니다.

다른 사람의 의견을 소중히 여기고 최종 결정을 존중하자

성공적인 회의는 회의 참가자 각각의 실제적 욕구Practical Needs와 개인적 욕구Personal Needs를 충족시킵니다. 실제적 욕구란 회의의 목표를 최대한 효과적이며 효율적으로 달성하는 것입니다. 개인적 욕구란 참가자들이 다른 사람들이 자신의 말을 경청하고 자신을 소중하게 대하며, 참여를 통해 이바지했다는 느낌을 얻는 것입니다. 어떤 회의이든, 성공을 위해서는 참가자들이 서로의 실제적 욕구와 개인적 욕구를 충족시키도록 노력을 기울여야 합니다.

회의가 주제를 벗어나 너무 길어지거나 아무런 성과 없이 끝나게 되면 개운치 않은 마음을 가질 수 있습니다. 이러한 현상은 참가자들이 회의에 대한 사전 계획을 세우고 있지 않았거나 회의 절차를 무시했을 때 일어납니다. 반면에 회의가 잘 진행되어 실제적 욕구가 충족되면, 참가자들은 회의 의제에 집중하여 더 나은 결론을 이끌어 낼 가능성이 높습니다.

참가자들이 너무 자신의 아이디어와 성취욕에 집착하면, 다른 사람의 개인적 욕구가 무시되기도 합니다. 사람들은 다른 사람들이 자신의 말을 경청하지 않거나, 자신이 토론에 참여하지 못한다고 느끼면 그 회의에서 합의된 결정사항에 대하여 자발적 참여와 수행 의지를 갖추지 않습니다. 다른 사람의 의견을 소중히 여기고 존중하는 것이 개인적 욕구를 충족시키는 기본 요건입니다.

전원합의Consensus를 사전에 찾아보면 "관련된 당사자의 대부분이 내린 결정"이라 풀이합니다. 이는 대체적인 의견 일치General Agreement

이지 만장일치Complete Agreement가 아님을 뜻합니다. 의사결정 시에는 참가자 일부는 완전히 동의하지 않는다는 것을 전제로 해야 합니다. 다시 말해, 이는 결정 내용이 자신의 주장과 달라도 결정 사항을 수용하고 따라야 한다는 것을 의미합니다. 따라서 최종안이 선택된 후에는 결정내용을 수행하겠다고 자발적으로 나서는 것이 필요합니다. 실행의 세부 계획과 역할 분담에 적극적으로 참여해야 하며, 필요한 지원과 상호협조를 약속해야 합니다.

회의에서 발언하지 않으면 직무유기이다

회의 참가자의 가장 기본적인 의무는 발언입니다. 참석 자체로서 의무를 다했다고 말하는 구성원이 있는데 그런 참석자가 많은 회의는 회의가 아닙니다. 일방적인 발표회일 뿐입니다. 가끔 보면 회의장에는 구경꾼들이 가득합니다. 딴짓이나 딴생각을 하는 경우도 비일비재하며, 심하면 하염없이 조는 사람도 있습니다. 이런 사람들은 회의장 '그곳'에 있어야 할 이유가 없습니다. 수면실로 가거나 휴식을 취하는 것이 생산성을 위해서도 더욱 좋습니다.

순자荀子 수신修身편에는 "是是非非謂之知(시시비비위지지) 非是是非謂之愚(비시시비위지우)"라는 문장이 있습니다. 순자는 "옳은 것은 옳다고 하고 그른 것은 그르다 하는 것을 지혜라 하며, 옳은 것을 그르다 하고 그른 것을 옳다고 하는 것을 어리석음이라 한다."라고 강조합니다. 하지만 이는 참으로 어려운 말입니다. 특히, 조직생활을 하면서 이 가르침에 따라 자기주장을 과감히 펼치기란 쉬운 일이 아닙니다. 그러나 회의장에서는 옳고 그름에 대한 명확한 자기 의사를 표시해야 합니다. 그것은 조직원으로서 의무이기도 합니다. 부분이 아니라 전체를 보고 수동적인 반응자의 자세를 취하는 것이 아니라 능동적인 참여자의 자세를 취해야 합니다. 풍전등화와 같은 요즘의 기업 환경에서는 임원이 따로 있고 직원이 따로 있는 것이 아닙니다.

발언한다는 것은 자기 생각을 표현하고, 반론이 있으면 반론에 대해 대응하는 식으로 계속해서 자신의 사고방식을 펼쳐 나가는 것을 말합니다. 따라서 회의 참가자는 어떤 상황이 펼쳐져도 거기에 대응할 수 있는 자기만의 사고방식을 가지고 있어야 합니다. 의견을 준비할 때도 주제를 거시적으로 보고 회의 참석자가 어떤 사람들인가를 확인하며 그 수준을 고려해야 합니다.

회의에서의 의견 발표는 개인적으로도 매우 중요한 승부처입니다. 따라서 회의에 대한 사전 준비가 그만큼 중요합니다. 충분한 준비를 한 사람은 발표의 기회가 주어졌을 때 자신의 견해를 유리하게 주장할 수 있습니다. 즉석에서 되는대로 돌발적으로 의견을 내놓은 것은 아무런 효과를 거둘 수 없습니다. 반대를 위한 반대 의견 역시 실익이 없습니다. 찬성인지 반대인지를 확실히 하고 반대 의견에 대해서는 그 이유를 분명히 해야 합니다. 자아도취적인 의견 또한 금물입니다. 의견을 제시할 때는 다음과 같은 사항을 유의하여 분명하게 말하도록 합니다.

- 질문이나 초점에 직결되는 이야기로 시작하라.
- 우선순위를 정해 중요한 것부터 말하라.

- 상대방의 표현이나 발상을 이용하라.
- 요점을 논리적으로 간단하게 말하라.
- 한 문장에 한 가지 생각을 담아라.
- 듣는 사람의 이해력에 맞춰라.
- 함축적이고 정리된 표현을 사용하라.
- 긍정적인 것부터 이야기하라.
- 비즈니스에 어울리는 표현을 사용하라.
- 모호하지 않게 의사를 분명히 밝혀라.

자신의 주장을 제시할 때는 결론을 먼저 제시하고 세부적인 근거를 제시하는 것이 기본입니다. '나는 이렇게 하는 것이 좋다고 생각합니다. 왜냐하면, 무엇 무엇을 통해서 검증되었기 때문입니다.'라고 논리를 전개하는 것이 보다 설득력이 있습니다. 여기에 상대의 의견도 이해하고 있음을 미리 제시하면 금상첨화입니다. '○○○의 생각이 일리 있는 말씀입니다. 그래도 다른 관점에서 생각해 볼 여지가 있지 않을까요?' 또는 '○○○의 말씀에 공감합니다. 그러나~'라고 말하면 조금 더 부드러워질 수 있음을 유념하기 바랍니다.

회의는 시간이 정해져 있으며 그 장면은 두 번 다시 재현되지 않으므로 적당한 시점에 발언할 수 있어야 합니다. 그래서 사전 준비가 필요한 것입니다. 한정된 시간에 서로의 생각을 이해하기 위해 발언을 가능한 알기 쉽게 그리고 되도록 오랜 시간을 들이지 않고 쉽게 전달하는 방법을 연구해야 합니다.

다른 참석자의 발언 내용을 잘 들어야 합니다. 이때는 최대한 메모를 하여 이해를 더욱 정확히 하는 것이 중요합니다. 또한, 발언 내용이 본론에서 벗어나지 않도록 주의해야 하며, 무리한 발언을 하지 말아야 합니다. 무엇인가 발언하지 않으면 안 된다고 생각하는 강박관념이 발언 내용을 딱딱하게 하고 주제와 아무 관계도 없는 이야기를 무리하게 할 수 있습니다.

마지막으로, 여유를 가지고 발언합니다. 마음에 여유가 있으면 자연히 회의에 임하는 자세도 부드러워지고 발언을 주고받는 데도 당연히 좋은 결과가 나옵니다. 이는 자신을 위해서 뿐만 아니고 회의 성과에도 좋은 영향을 미칩니다.

평소 자기주장(Assertiveness) 훈련을 해두어라

회의장에서 의장이나 자신보다 지위가 높은 상대방에게 건설적으로 의견을 제시하기 위해 평소에 자기주장을 전달하는 훈련을 해두어야 합니다. '자기주장Assertiveness'이란 다른 사람을 화나게 하거나 관계를 망치지 않으면서도 의연하고 당당하게 자기가 하고 싶은 말을 하고 자기 의견이 최대한 반영되도록 하는 대화의 기술을 말합니다.

자기주장 방식으로 소통하는 사람들은 자신의 의견과 감정, 욕구를 솔직하게 표현하되 결코 상대방의 권리를 침해하지 않습니다. 이 유형의 사람들은 자신이 원하는 바를 얻으면서도 상대방의 감정을 해치지 않으므로 대화 결과에 대한 만족감이 높습니다. 대인 관계의 성공 경험도 축적되어 자존감이 높고 부끄럼 없이 당당하게 자신을 표현합니다.

항상 열린 마음으로 남의 의견을 경청하지만, 그 의견에 동의하지 않을 수 있고 '아니요.'라고 당당히 말할 수도 있습니다. 다시 말해 올바른 자기주장 능력을 갖추는 것은 대인관계가 좀 더 편해진다는 의미이기도 합니다. 자기주장의 의사소통은 자신의 의견, 감정, 욕구를 있는 그대로 언어에 담아 전달하는 것이라는 점을 명심해야 합니다. 자기주장 훈련에 도움이 되는 몇 가지를 살펴보도록 합시다.

① 문제 상황을 정확하게 분석하라.

자신이 과연 어떤 상황에서 공격적 혹은 수동적이 되는지 문제 상황을 분석합니다. 누구와 있을 때who, 언제when, 무엇이 괴로운지what, 어떻게 대처했는지how, 자기주장을 한다면 무엇이 두려운지fear, 자신의 지금 목표는 무엇인지goal를 구체적이고 명확하게 적어봅니다.

② 나의 권리와 바람을 직시하고 그 상황에서 내가 느끼는 감정을 직시하라.

상대에 대한 원망이나 분노, 자기 연민 등 감정을 직시하되 이 상황에서 무엇을 바꾸고 싶은지 목표를 세우고 집중합니다. 부하 직원의 업무 상황을 무시하고 자주 무리한 요구를 하는 상사가 원망스러울 수 있습니다. 화가 나지만 내 목적은 관계를 원만히 유지하면서 상대방이 이 사실을 이해하도록 하는 것입니다.

③ 문제 상황을 가능한 한 구체적이고 상세하게 정의하라.

대화에 집중하기 위해 매우 중요한 조건입니다. 모호한 말은 상대방의 오해를 불러올 수 있습니다. 비판이나 평가, 타인과의 비교가 아닌 순수한 관찰로 문제를 제기합니다.

④ 당신의 감정을 설명하라.

이 문제가 당신에게 얼마나 중요한 문제인지 상대방이 이해하도록 합니다. 상대방이 의견이나 생각이 다르다 하더라도 당신의 감정을 이해하고 공감하도록 지금의 당신 감정을 이야기하도록 합니다. 이때 감정은 꽁하게 꼬인 마음이 아니라 그 상황에 대한 나의 솔직한 느낌을 말하는 것입니다.

⑤ 요구사항을 이해하기 쉬운 짧은 문장으로 명확하게 표현하라.

확실하게 이야기해야 합니다. 상대방이 자신의 마음을 알아서 헤아려 주기를 바라는 것은 절대 금물입니다. 원하는 것을 부드럽지만 확실하게 말합니다. 상대방이 해 줬으면 하는 행동을 구체적으로 요구합니다. 행동의 요청은 긍정문이나 청유형 의문문이 좋습니다.

⑥ 원하는 것을 얻기 위해 상대방의 이익도 강화, 상기시켜 주어라.

Part 5

기업문화로 만들자

01
회의가
쓰레기가 되지 않도록 하자

회의에 참석했을 때 여러 가지 문제들이 발생하여 본 궤도를 이탈하는 경험을 해보았을 것입니다. 사람들은 쓰레기 같은 일을 하고 싶지 않습니다. 모두에게 손해가 되는 회의, 시간만 낭비되는 회의, 결론도 없는 회의 이런 회의를 쓰레기 회의라고 말합니다.

격한 감정의 대립이 일어나거나 주제의 범위가 아닌 얘기를 하거나 하게 되는 경우 쓰레기 회의가 될 가능성이 높습니다. 특히 회의장에서 나오는 이야기의 초점이 회의 주제나 목표를 벗어나면 회의는 유명무실해집니다. 많은 구성원이 이런 문제의 장면을 겪었거나 현재 겪고 있을 것입니다. 문제의 원인이 무엇이고 어떻게 처리해야 하는지 많은 고민을 거쳤지만 결국 포기하고 있을 수도 있습니다.

그러나 회의에서 일어나는 이런 일련의 문제들을 손대지 않고 내버

려둔다면 이후에는 더 큰 문제가 될 수 있습니다. 이런 경우 회의에 대해 불쾌감, 좌절감을 느끼거나 실속 없는 회의의 결론 때문에 또 다른 갈등을 만들 수 있기 때문입니다.

회의를 위협할 수 있는 징후들에 주목해서 회의를 구제해야 합니다. 쓰레기 회의가 되지 않도록 하는 방법에는 크게 두 가지 있습니다. 사전에 예방하는 것과 회의 중에 중재하는 것입니다.

사전예방부터 살펴봅시다. 회의를 구제하는 가장 좋은 방법은 무엇보다 곤란한 상황을 사전에 예측하여 회피하는 것입니다. 예를 들면, 참가자 중 한 사람이 특정한 주제에 과민 반응을 보일 수 있습니다. 이 사람은 이전 회의 시에도 같은 주제가 나오면 언제나 방어적으로 반응하면서, 나머지 사람들과 끝없이 말다툼을 계속하곤 합니다. 그래서 회의는 정상 궤도를 벗어났었습니다.

이러한 상황을 사전에 방지하려면 적절한 예방 기법을 사용해야 합니다. 예를 들어, 특정 주제가 어떤 회의 참가자에게는 감정상 동요를 일으킬 가능성이 있다고 예상되면, 사전에 접촉하여 그들의 행동이 회의에 어떤 영향을 미치는지를 알려줍니다. 간단한 사전 대화만으로도 회의의 긍정적인 환경을 조성할 수 있고 민감한 토의주제를 보다 원활하게 처리할 수 있습니다. 회의 준비 시에 유용한 예방 기법들은 다음과 같습니다.

- 회의 목표 달성에 적합한 사람들을 적절한 인원수로 구성한다. 많은 회의가 실패로 끝나는 원인은 인원이 너무 많거나, 또는 핵심

인물들이 제외되었기 때문이다.

- 민감한 주제나 복잡한 배경 정보를 취급할 회의에서는 개최에 앞서 사전 안내나 참가자들을 코치한다. 참가자에게 배경 정보를 사전에 배포한다.
- 우선순위가 높은 순으로 안건을 배정하고 제한 시간을 설정하여 현실성 있는 의사일정을 작성한 다음, 참가자들에게 미리 나누어 준다. 회의 계획서meeting planner를 활용하면 생각을 정리하는 데 도움이 된다.
- 회의에 앞서 다른 사람들과 함께 핵심 내용을 검토해 본다.
- 회의 시 지켜야 할 기본 원칙Ground Rule을 공유한다.

회의 중에 발생하는 문제들을 효율적으로 중재하는 것입니다. 회의 중에 단계를 뒤죽박죽으로 만들거나, 회의 자체를 위협할 수도 있는 예상 밖의 상황이 발생한다면, 즉시 중재에 나서야 합니다.

중재는 다양한 수준에서 이루어질 수 있습니다. 최초에는 낮은 수준의 중재를 시도해 보고, 상황이 개선되지 않으면 차츰 강도 높은 중재를 활용해야 합니다. 예를 들면, 회의 참가자들이 논쟁을 벌이기 시작하면 차례대로 아이디어를 제시하라는 부드러운 제안을 할 수 있습니다. 더욱 강력한 중재는 짧은 휴식을 하여 다툼을 벌인 당사자들이 냉정함을 회복할 시간을 갖게 하는 것입니다. 가장 강력한 단계의 중재는 회의를 연기하고 참가자들을 재구성하는 것입니다.

중재의 목적은 참가자들이 개인적 문제가 아니라 회의 주제에 집중하도록 만드는 것입니다. 아래의 중재 기법을 활용하여 회의 전반을 원활하게 이끌 수 있습니다.

- 다른 사람의 아이디어를 활용하여 발전시키자. 그러면 합의안의 실행 시 더 큰 참여의식을 이끌어낼 수 있다.
- 회의 의사일정과 절차에 초점을 맞추자.
- 까다로운 주제는 뒤로 미루어 차후에 다루기로 하여, 진행 중인 의사일정을 마무리할 수 있도록 하자.
- 발언순서를 돌아가면서 정해진 제한시간 내에 자신의 주장을 발표하도록 제안하자.
- 짧은 휴식을 제안하자. (쉬는 시간에 까다로운 참가자와 개별적 대화를 할 수도 있다).
- 참가자들을 재구성하는 문제를 고려해 보자. 이때 참가자의 역할을 검토하여 회의 목표 달성을 위해 반드시 필요한 인물이 누구인지 다시 확인한다.
- 참가자들을 소그룹으로 나누어 그들에게 문제를 해결하도록 한다. 해당 분야의 전문성을 가진 참가자라면 까다로운 문제를 보다 빨리 해결할 수 있다.
- 회의를 연기하고 일정을 재조정한다. 참가자들에게 추가 정보를 수집하도록 하여 차후 회의 시, 보다 효과적으로 토론할 수 있다.

회의를 효과적으로 중재하려면 이에 대한 별도의 과정 지침을 마련해야 합니다. 상황이 더 어려워질수록 포기하려는 경향이 만연하게 됩니다. 하지만 중요한 것은 기본 원리 및 과정 지침을 계속 활용해야 하며 결국은 이를 통해 상황을 통제하고 반전시킬 수 있게 될 것입니다.

02
스스로 규칙을 만들고
철저히 지키자

경영학자 짐 콜린스는 "위대함은 환경이 아닌 의식적 선택과 원칙의 문제다. 한 번의 성공보다 일관성 있는 작은 행동이 위대함을 결정한다."고 말했습니다. 진짜회의를 기업의 문화로 만드는 방식도 이와 같습니다. 한 기업이 바람직한 회의 문화를 만들기 위해서는 일관성 있는 행동 원칙을 만들고 이를 지켜내야 합니다. 이를 위해 진짜회의를 위해 필요한 3.3.3 원칙을 소개합니다. 회의 전·중·후에 지켜야 할 회의의 원칙입니다.

회의 3.3.3 원칙은 회의 전반에 대한 DIET 프로세스의 효율적 적용 여부를 조사할 때도 활용할 수 있습니다. 9개의 원칙은 회의 전·중·후를 기반으로 하는 것이니 회의장보다는 인트라넷 전체 게시판이나 업무 공간에 잘 보이게 소개하는 것이 좋으며, 회의장에 들어와서 회의장 내

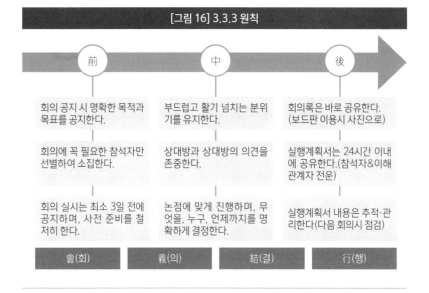

[그림 16] 3.3.3 원칙

前	中	後
회의 공지 시 명확한 목적과 목표를 공지한다.	부드럽고 활기 넘치는 분위기를 유지한다.	회의록은 바로 공유한다. (보드판 이용시 사진으로)
회의에 꼭 필요한 참석자만 선별하여 소집한다.	상대방과 상대방의 의견을 존중한다.	실행계획서는 24시간 이내에 공유한다.(참석자&이해관계자 전운)
회의 실시는 최소 3일 전에 공지하며, 사전 준비를 철저히 한다.	논점에 맞게 진행하며, 무엇을, 누구, 언제까지를 명확하게 결정한다.	실행계획서 내용은 추적·관리한다(다음 회의시 점검)
會(회)	義(의) 結(결)	行(행)

6가지 규칙(Six Disciplines)

하나. 우리는 회의를 시작할 때 회의를 통해 얻고자 하는 바를 명확히 선언합니다.
둘.　 우리는 회의장을 활기차고 긍정적인 공간으로 만들기 위해 노력합니다.
셋.　 우리는 회의의 목적과 목표를 중심으로 의견을 제시합니다.
넷.　 우리는 상대방의 의견을 막을 권리가 없음을 잘 알고 있습니다. (단, 목적과 목표를 벗어난 발언이나 발언을 독점하는 것은 제외함)
다섯. 우리는 언제나 치열하게 견해를 나누고 토론하되, 상대방의 의견과 감정을 존중합니다.
여섯. 우리는 회의장을 떠나기 전에 무엇을, 누가, 언제까지를 명확하게 정합니다.

에서 지켜야 할 원칙을 별도로 추가하여 제정하면 좋습니다. 필자는 이를 6가지 규칙Six Disciplines이라 부릅니다.

선진 기업들의 회의문화 혁신에도 필자가 앞서 제시한 유사한 사례

[표 8] 진짜회의를 위해 필요한 질문(전체)

시점	핵심질문	추가적인 질문
회의 전	1 (Why) 이 회의는 꼭 필요한 회의인가? 2 (How) 회의에 참석할 준비가 되었는가? 3 (What) 회의에서 무엇을 논의할 것인가?	· 목적과 목표가 정확한가? · 꼭 필요한 사람만 참석하는가? · 사전준비가 제대로 이뤄졌는가? · 관련 배경지식을 참석자들이 갖췄는가?
회의 중	1 (Why) 회의의 목적을 달성하고 있는가? 2 (How) 회의 참석 인원 모두가 적극적으로 의견을 나누는가? 3 (What) 회의 시에 구체적 결정을 이끌어 냈는가?	· 회의가 논점에 맞게 진행되고 있는가? · 회의 진행 시 의견 발언에 부담이 없는가? · 회의 결정 사항이 명확한가?
회의 후	1 (Why) 회의의 목적을 달성했는가? 2 (How) 회의 결정사항을 어떻게 실행할 것인가? 3 (What) 회의 결정사항의 무엇을 할 것인가?	· 사전에 목적한 바와 같이 회의의 결론이 도출되었는가? · 회의 결정사항의 구체적 실행 안은 무엇인가?

[표 9] 진짜회의를 위해 리더(Sponsor)가 스스로 해야 할 질문

시점	핵심질문	추가적인 질문
회의 전	(Why) 이 회의는 꼭 필요한 회의인가?	· 회의의 주관자로서 회의의 목적과 목표를 명확하게 설정하였는가? · 회의를 통해 얻고자 하는 Output은 정확히 무엇인가? · 보고인가 회의인가?
회의 중	(Why) 회의의 목적을 달성하고 있는가?	· 최초 설정한 목적과 목표를 달성하기 위한 자유로운 논의가 이뤄지고 있는가? · 참석자의 생각을 듣는 것이 아니라 내 생각만을 말하고 있지는 않은가? · 참석자들의 생각을 존중하고 격려했는가?
회의 후	(Why) 회의의 목적을 달성했는가?	· 회의를 통해 원했던 목적과 목표를 이뤘는가? · Output이 도출되었는가? · 최종 Goal을 달성하기 위해 내가 해야 할 역할은 무엇인가?

[표 10] 진짜회의를 위해 퍼실리테이터(Facilitator)가 스스로 해야 할 질문

시점	핵심질문	추가적인 질문
회의 전	(How) 어떻게 사람들이 회의에 효과적으로 참여하게 할 것인가?	· 회의에 꼭 필요한 사람만 참석하고 있는가? · 회의 시행이 사전에 정확하게 공지가 되었는가? · 회의와 관련된 준비가 철저하게 이루어졌는가?
회의 중	(How) 어떻게 회의 참석 인원 모두가 적극적으로 의견을 나눌 수 있도록 할 것인가?	· Big Mouth를 제대로 견제하고 있는가? · 의견에 대한 찬반을 내가 내리고 있지 않은가? · 소수의 의견을 존중하고 있는가?
회의 후	(How) 회의 결정사항을 실행할 수 있도록 어떻게 촉진할 것인가?	· 회의록은 회의 내용을 제대로 담고 있는가? · 실행계획서는 적시에 제대로 배포되었는가? · 추가로 회의가 필요한 것이 있는가?

[표 11] 진짜회의를 위해 참가자(Attendee)가 스스로 해야 할 질문

시점	핵심질문	추가적인 질문
회의 전	(What) 회의에서 무엇을 논의할 것인가?	· 나는 회의의 목적과 목표 그리고 배경을 정확하게 이해하고 있는가? · 회의 안건에 대한 나의 의견을 명확하게 정하였는가?
회의 중	(What) 회의 시에 구체적 결정을 이끌어냈는가?	· 나는 타인의 이야기에 얼마나 관심을 가지고 들었는가? · 나는 자기 생각과 관점을 논리적으로 표현했는가? · 나는 회의를 통한 긍정적인 변화를 믿고 임하였는가? · 회의의 결과물은 구체적이고 실행 가능한 것인가?
회의 후	(What) 회의 결정사항의 무엇을 할 것인가?	· 회의 결정사항과 관련해서 나와 직접 관련이 있는 일은 무엇인가? · 관련이 있다면 무엇해야 하나? · 관련이 없는 일 중에서도 나의 도움이 필요한 것은 무엇인가??

가 등장합니다. 그만큼 회의문화 혁신 활동은 각 기업의 상황에 맞는 이런 원칙들을 스스로 만들고 포스터로 제작해 적극적으로 홍보하며 그 일관성을 지키는 것이 중요합니다. 그러나 이러한 원칙에 대해 철저한 실천이 없다면 진짜회의를 기업문화로 정착시키기 어려운 것입니다. 그래서 필자는 회의의 모든 참석자가 체크할 수 있도록 Why-How-What의 틀Frame을 기반으로 한 성찰 질문을 만들었습니다. 질문은 전체적인 차원의 성찰 질문과 역할별 성찰 질문으로 구분하였습니다. 이는 진짜회의를 만들어내는 매우 강력한 점검 도구가 될 것입니다.

03

용기를 내지 않고도 말할 수 있는
문화를 만들자

이스라엘은 극대화된 효율을 추구하는 문화를 가지고 있습니다. 그들은 학교에서나 집에서 또는 군대에서도 자기 생각을 분명하게 주장하는 것을 올바른 가치 기준이라고 배웁니다. 우리나라의 신입사원이 상사의 눈치를 살필 때, 그들은 서슴없이 "당신이 나에게 지시를 내리는 이유를 대라"고 따져 물을 만큼 당당합니다.

우리에게는 이런 문화가 있을까요? 필자는 신입사원 시절을 기획팀에서 보냈습니다. 그러다 보니 자연스럽게 사장 주관 회의에 참석하는 일이 많았습니다. 회의는 조용했고, 진지했으며, 엄숙하기까지 했습니다. 특히, 회의가 시작되기 전의 그 긴장감은 말로 표현하기 어려울 정도였습니다. 회의를 시작하지도 않았는데도 가슴은 서늘하였고, 온 신경은 팽팽하게 조여오는 듯했습니다. 대부분의 회의는 사장님이 입장해 시작되고, 발표하고, 혼내고, 지시하는 것으로 끝났습니다. 신입사원이었기 때문에 그랬을지 모르겠지만 나는 이런 회의를 왜 하는지 의문이 들었습니다. 회의를 참관해보면 참 엄숙합니다. 왠지 여기서 말 한마디 잘못하면 안 될 것 같다는 느낌이 가득했습니다. 한마디 말에도 치밀하게 준비하여 말하고, 정리하여 말하고, 생각하고 또 생각한 다음에 말해야 했습니다. 그런데 그것보다 더 힘든 것은 용기를 내야 이런 각본을 실행할 수 있다는 것입니다.

우리 주변에는 훌륭한 퍼실레이터가 많습니다. 이분들을 만나보면 퍼실리테이션 기법만 도입하면 모든 것이 해결되는 것처럼 말을 합니다. "리더가 문제가 아닐까요?"라고 얘기하면 그래서 리더부터 퍼실리테이션 교육을 받아야 한다고 다시 얘기합니다.

필자는 한 회사의 축소판이라고 할 수 있는 회의를 도구와 기법 하나만으로 완벽히 바꿀 수 있겠느냐는 의문이 들었습니다. 물론, 퍼실리테이션은 훌륭한 회의 도구임이 분명합니다. 필자 또한 퍼실리테이터의 역할 명확화와 퍼실리테이션의 적극적 활용을 강조하는 사람입니다. 그러나 단순히 기법을 변화시킨다고 해서 회의가 바뀐다고 말하는 것은 비약이 심합니다. 회의를 촉진하는 것은 중요한 일이지만, 그 전에 중요하게 만들어야 할 것은 문화입니다. 이를 필자는 '용기를 내지 않고도 말할 수 있는 문화'라고 표현합니다.

회의는 하나의 목적지로 나아가기 위해 논의하는 건설적 커뮤니케이션 과정입니다. 그러나 회의는 우리가 달성하고자 하는 것들을 끊임없이 방해하고, 사람들의 가장 나쁜 인격적인 속성을 드러내는 아주 특별

한 형태의 커뮤니케이션 과정인 경우도 많습니다. 필자는 회의 중 훌륭한 생각들이 짓밟히고 이기심이 넘쳐흐르고 시간이 낭비되는 것을 자주 보았습니다. 모두 그런 것은 아니라지만 회의실에서 다른 사람의 말을 끊는 사람들은 대부분 상사입니다. 이들은 고집이 세고 때로는 독단적이며 심지어 독설가인 경우도 많습니다. 그들의 부하 직원은 고집이 센 그를 절대 이길 수 없다는 것을 알며 결코 대립하려고 하지 않습니다.

　사람들은 누구나 자신의 경험과 정보의 틀 안에서 사고할 수밖에 없습니다. 선택적으로 지각하는 것입니다. 그래서 다른 사람의 말을 듣고 자신의 경험에 비추어 재해석합니다. 시대와 환경이 변하고 있는 현실에서 과거의 성공과 실패 경험을 바탕으로 자신의 방식에서 벗어나지 못하고 자신의 방식을 다른 사람들에게 강요하기까지 합니다. 이런 사람들이 주도하는 회의가 잦아지면 구성원들은 더욱 자신의 의견을 말하려고 하지 않습니다. 의견을 내더라도 상사가 생각하는 틀에 맞춰서 제시하므로 결국 다양한 의견은 마음속 깊이 감춰집니다.

　회의에 참석했다면 반드시 발언해야 합니다. 앞에서 회의 참석자에게 발언은 권리가 아니라 의무라고 강조한 바 있습니다. 그러나 상사가 앉아 있는 곳에서 자신의 의사를 표현하는 것은 용기가 필요한 일입니다. 그래서 그들에게 용기를 내라고 말합니다. 발언하지 않는 것은 직무유기이니 한마디라도 거들라고 독려합니다. 회의에서의 책임은 모두1/N이니 당연히 자신의 주장이나 견해를 표출해야 한다고 강조합니다. 그래서 토의 기법의 하나인 라운드 로빈 프로세스round robin process를 활용하여 하나의 질문에 대해 모든 참가자가 돌아가면서 각자 생각하는 바를 공유하도록 하는 경우도 있습니다.

그러나 이러한 기법을 사용한다고 해서 '용기'가 샘솟는 것은 아닙니다. 이것은 결코 참가자의 정신이나 기법의 문제가 아닙니다. 분위기의 문제입니다. 회의를 개선하고 싶다면 스킬의 영역을 넘어 문화와 리더십 차원에서 검토해야 합니다. 문화와 리더십을 먼저 바꿔야 한다는 뜻입니다. 거듭하여 말해도 부족함이 없을 정도로 분위기에 대한 책임은 리더에게 있습니다. 어떤 회의가 결론도 없고, 의견 교환도 없고, 참가자도 주관자(의장)도 모두 만족스럽지 않게 끝난다면 그것은 분위기 연출자로서 리더의 책임이 가장 큽니다. 용기를 내지 않아도 자유롭게 자기 생각을 표현하고 서로 의견을 교환할 수 있는 문화를 구축하기 위해 리더가 해야 할 일이 많습니다. 좋은 회의를 진행하기 위해서는 분위기를 어떻게 만들어야 할지부터 스스로 질문부터 가져야 합니다.

성공하는 기업은 숫자부터 다르다

2005년 미국 노스캐롤라이나 대학 심리학과의 바버라 프레드릭슨Barbara L. Fredrickson과 마셜 로사다Marcial F. Losada 교수팀은 60여 개 기업의 회의록에 나온 단어를 조사한 결과 성장하는 기업은 쇠퇴하는 기업보다 긍정적인 발언이 많았으며, 이러한 성장과 쇠퇴를 가르는 '한계 긍정률critical positivity ratio'이 2.9013:1이라고 밝혔습니다. 이를 '로사다 비율Losada ratio'이라고 합니다. 참고로 실적이 가장 좋은 회사의 경우 긍정적인 발언이 6:1을 차지했다고 합니다. 따라서 리더는 비난, 비판, 부정이 아닌 인정, 칭찬, 긍정으로 가득 찬 분위기 연출을 통해 더욱 창조적 회의가 될 수 있도록 지원해야 합니다.

또한, 지적하고 싶은 욕구와 지침을 내리고 싶은 욕구, 궁금한 것을 물어보고 싶은 욕구를 최대한 자제해야 합니다. 요즘 상사들은 회의실에서 직원들의 말을 끝까지 들어야 한다는 규칙을 알고 있고 지키기 위해 각고의 노력을 하고 있습니다. 그러기에 서운한 마음이 앞서기도 합니다. '내가 이렇게까지 노력하는데도 저 친구들은 왜 아무 생각도 없이 저렇게 앉아서 눈만 껌벅거리고 있는 것일까?'라는 의문을 가질 수 있습니다. 다시 (리더 또는 상사인) 당신에게 물어보겠습니다. 혹시 상대방의 이야기에 관심을 가지고 듣는 것이 아니라 그냥 끝까지 들으며 책임을 다했다고 스스로 자위하는 것은 아닌가요? 말을 끝까지 듣는 것과 온전히 듣는 것은 다릅니다. 따라서 다른 사람의 의견을 듣는 나의 방식대로 해석하는 것이 아니라, 왜 그런 의견을 제안하는지 의도를 파악하고 조직에 미치는 영향을 고려하면서 개방형 질문을 던져야 합니다.

일상에서 커뮤니케이션을 활성화해 상호 이해와 교류를 하는 것이 우선입니다. 사람들은 조직과 일체감을 느낄 때, 의견을 들어줄 사람들과 관계가 좋을 때, 조직에서 심리적인 안정감을 느낄 때, 상사 중에 행동을 취할 사람이 있다고 생각될 때, 어떤 이슈를 알리는 데 자신의 에너지를 투자할 정도로 관심이 많을 때 소신을 밝힐 확률이 높습니다. 사람들이 변화의 필요성이나 현 시스템의 구조적 문제점을 발견해 적극적으로 알리지 않는다면 기업은 성장하고 번영하기 어렵습니다. 그래서 회의를 바꾸는 것은 무척 중요한 일입니다. 중요한 만큼 어렵고 고된 일이기도 합니다. 따라서 최고경영자부터 일선 담당자까지 모두의 관심과 지지가 필요합니다.

지금 당장 불필요한 회의를 찾아보고, 프로세스에 맞추어 회의를 진행하고, 용기를 내지 않고도 자연스럽게 말을 할 수 있는 분위기를 조성해야 합니다.

[참고] 레드팀(Red Team) 제도를 활용해보자

회의 참가자의 의견 제시는 당연한 권한이기도 하지만 아주 중요한 책무이기도 합니다. 그러나 발언을 하기 위해서는 특히 상사의 의견에 대해서 반론을 제기하는 것은 정말 어려운 일입니다. 그래서 이들이 효과적으로 발언할 할 수 있는 장치를 마련하여 자유로운 발언을 유도할 수 있습니다. 바로 레드팀 제도의 도입입니다.

레드팀 제도는 군대에서 유래되었습니다. 특정 작전을 수행하기 전 적군의 입장에서 가능한 모든 수단을 동원해 아군을 공격하게 하고 그 과정에서 드러난 취약점을 개선하기 위해 도입한 군사 훈련 프로그램입니다. 해외의 선진 조직에서는 레드팀이 군대, 정보기관, 언론사, 사기업, 공공기관을 가리지 않고 보편화 되어 있습니다.

회의에서는 서로 듣기 좋은 이른바 '해피토크'나 주무부서의 의견을 생각 없이 따르는 '폭포효과'를 지양해야 합니다. 레드팀 제도를 도입할 경우, 별다른 반론 없이 당연하게 넘어가던 안건들이 격렬한 토론 주제가 되기 시작합니다. 레드팀은 팀의 실행계획을 비판하거나 무산시키는 임무를 부여받은 팀으로 두 가지 기본적인 형태가 있습니다. 주어진 임무에서 경쟁자의 임무를 수행하면서 본래 팀을 이기려고 노력하는 형태와 악마의 대변인과 똑같은 지침을 따르면서 제안이나 기획에서 생길 수 있는 최악의 상황을 가정해 공격하는 형태입니다.

레드팀 제도를 도입하기 위해서는 먼저 레드팀 제도의 긍정적 취지를 회의 참석자 모두 공감할 수 있도록 사전에 충분히 설명해야 합니다. 공감되었다면 레드팀의 멤버를 선정하고 레드팀에 회의 자료를 사전에 제공하여 검토하고 논리적인 반론을 제기할 수 있는 여유를 제공해야 합니다. 그렇지 않은 경우 반대를 위한 반대가 만들어질 수 있기 때문입니다. 레드팀 멤버를 소개하고 회의에서 반대의 관점에 설 수 있음을 미리 공지하면 좋습니다. 상징적으로 레드팀 멤버 앞에는 빨간 깃발을 꽂아두면 좋습니다. 그러면 회의가 끝나고도 서로 역할을 성실히 수행했다고 생각할 수 있습니다. 그렇지 않으면 자칫 감정적 갈등을 만들 수 있음을 유념해야 합니다.

레드팀 제도를 도입할 때는 계획의 취약한 부분 및 실수를 찾아낼 동기를 부여하고, 임무를 제대로 수행할 경우 확실한 인센티브를 제공한다면 레드팀은 더 좋은 결과를 얻을 수 있습니다.

[참고] 회의문화 혁신을 위한 전략과제

필자는 고객사와의 컨설팅을 바탕으로 회의문화를 혁신하기 위해 12개의 전략과제를 도출하였습니다. 시급성과 전략적 중요성을 중심으로 1순위 과제 5개, 2순위 과제 2개, 나머지 5개 과제로 구분하였습니다. 회의문화를 혁신하는 활동은 주무 부서를 정하기 어려울 정도로 다양한 부서들이 참여해야 합니다. 기획전문가, 내부·홍보전문가, 조직문화전문가, 인사전문가, 교육전문가, 총무 전문가 등 다양한 사람들의 지지와 적극적인 참여가 없다면 효과를 거두기 어렵습니다. 또한, 이들이 주축이 되어 프로젝트 초반부터 회의문화 혁신이라는 공감대를 형성하

[그림 17] 회의문화 혁신의 주요 전략 과제와 우선순위

측면	전략과제
Process	❶ DIET Process 정립
	❷ 일처리 프로세스 정립
Infrastructure	❸ 토론 촉진 도구 개비
	❹ 공간의 권위 제거
	❺ 공유시스템 구축
Culture	❻ 회의 원칙 제정 및 전사 홍보(프로세스 포함)
	❼ 3S를 통한 회의 양 축소
	❽ 경직 타파(인정·칭찬·격려가 가득한 회의문화)
	❾ Core Values 중심의 조직문화 구축
People	❿ Sponsor 역량 강화(코칭형 리더십)
	⓫ Facilitator 역량 강화(회의 촉진 기술 배양)
	⓬ Attendee 역량 강화(논리적/분석적 사고)

· Main Scope Project
  : 1순위 과제
· Sub Scope Project
  : 2~3순위 과제

려는 노력이 따라야 합니다. 필자의 경우, 프로젝트 초반에는 개별적인 접촉을 통해 프로젝트 필요성에 대해 설득했고, 후반부에는 Intensive Day라 명명하여 핵심 담당자들이 모여서 팀 단위 실행 계획을 함께 수립하고 논의하는 시간을 가졌습니다.

회의가 바뀌면 조직이 바뀐다

회의會議의 목적은 무엇인가? 회의는 함께 모여서會 옳은 것義을 나누는글 과정입니다. 즉, 함께 바람직한 방향을 향해 나아가기 위해 논의하는 과정을 뜻합니다. 어떤 사안에 대해 바람직한 방향이라는 것은 내 의견만을 좇는 것이 아니라 다른 사람들의 뜻과 내 뜻이 얼마나 다른지를 인식하고 그 중 최선의 안을 결정하여 실행하는 것입니다. 그래서 회의의 목적은 모이는 것에 있는 것이 아니라 의견을 나누는 데 있습니다.

미국의 한 조사에 의하면, 팀장급 중간관리자는 일주일에 평균 11시간을 회의에 소비합니다. 그리고 최고경영자는 23시간 정도를 회의에 소비하고 있습니다. 직장생활을 약 30년으로 잡으면 45,880시간을 회의하는 셈인데, 이를 하루 8시간씩으로 환산하면 약 21년 6개월을 회의에 보낸다는 계산이 나옵니다.

국내의 경우도 크게 다르지 않을 것입니다. 우리 역시 많은 시간을 회의에 쏟아붓고 있습니다. 지금 이 순간에도 많은 직장인이 회의하고 있거나, 회의를 준비하고 있을 것입니다. 바로 이러한 이유만으로도 우리는 회의를 잘해야 합니다.

우리는 회의를 통해 계획을 만들고, 문제를 해결하고, 아이디어를 도출하고, 지원과 협력을 얻고, 칭찬과 격려를 받을 수 있습니다. 따라서 회의를 한다고 하면 좋아서 어쩔 줄 몰라야 합니다. 그런데 현실은 어떤가? '우리 회의나 할까?'라고 리더가 말하면 답답한 마음이 먼저 듭니다. 실제 직장인들의 회의 만족도는 아주 낮은 편입니다. (최근 조사에 의하면 불만족 응답비율이 60~70% 정도이다.) 낮은 만족도의 원인을 살펴보면 가장 많이 언급되는 것이 의견 교환 없는 일방향 커뮤니케이션one way communication입니다.

회의의 목적은 의議가 일어날 때 완성됩니다. 의議가 빠진 회의는 모임會일 뿐입니다. 어떤 조직이든 구성원들이 가장 많이 하는 일은 회의이거나 회의와 관련한 것입니다. 그런데 과연 우리가 가장 많이 하는 주간회의, 월간회의 등 정례 회의에서 의견이 교환될까요? 보고 위주로 진행되다 보니 대부분 그렇지 않은 경우가 많습니다. 엄밀하게 말한다면 주간회의는 주간회(or 주간 정보공유 모임), 월간 회의는 월간회(월간 정보공유 모임)라고 표현하는 것이 맞습니다. 회의라 명명하고 의견을 교환하지 않고 끝내는 것은 해당 회의에 참석하는 사람들의 직무유기를 방조하는 행위입니다. 만약 우리 회사가 의견 교환 없이 의미 없는 회의를 하고 있다면 우선 회의의 이름부터 바꿔야 합니다. '실적 공유회', '계획 발표회' 또는 조금 과하게 '보고/질책/지시회'라고 명칭부터 바꾸는 것이 맞습니다.

다시 말하지만, 회의의 궁극적 목적은 의견을 나누어 더 좋은 방향으로 가는 것입니다. 건설적 비판과 다양한 의견이 오고 가는 생산적 회의를 하고 싶다면 지금부터 제시하는 세 가지 사항을 준수하는 것이 좋습니다.

첫째, 회의의 질質을 높이기 위해서 양量을 줄여야 합니다. 그래서 정보를 수집하고 생각할 수 시간과 의견을 나눌 수 있는 시간을 확보해야 합니다.

둘째, 일관된 회의 프로세스를 만들고 훈련된 퍼실리테이터를 통해 프로세스 중심으로 회의를 진행하고 참여를 촉진해야 합니다.

셋째, 문화를 바꿔야 합니다. 문화를 바꾸지 않으면 아무런 의미가 없습니다. 세 번째의 제안이지만 문화를 바꾸는 노력이 가장 중요합니다. 사실 회의의 양을 줄이는 것은 안 하면(줄이면) 그만이니 쉽습니다. (물론 안 해야 할 회의를 선정하는 것은 단순한 일은 아닙니다.) 또한 프로세스는 설계하고 퍼실리테이터는 양성하면 그만입니다. 그러나 이 두 활동만으로는 부족합니다. 회의의 절대적 양을 줄이거나 프로세스를 개선하는 활동과 함께 조직의 쌍방향 커뮤니케이션two way communication 문화가 만들어져야 합니다.

이러한 회의문화의 혁신은 한때의 이벤트처럼 생각해서는 안 됩니다. 많은 사람의 노력과 열정이 있을 때만 가능합니다. 회의를 바꾸는 것은 조직 자체를 바꾸는 것입니다. 단계적으로 천천히 접근하지 말고 동시다발적으로 변화를 꾀해야 합니다. 회의 공간을 바꾸는 것과 동시

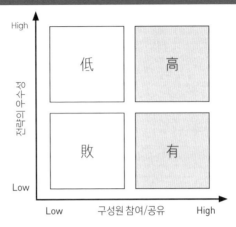

[그림 18] 성공 가능성 Matrix

에 현수막이나 포스터를 통해 전 구성원의 적극적인 참여를 독려해야 합니다. 교육과 홍보(인트라넷, 홈페이지, 사보 등)를 통해서도 변화 의지를 드러내야 합니다.

　다른 프로젝트와 병행하지 말고 회의만 바꾸면 많은 걸 바꿀 수 있다는 확신을 바탕으로 조직의 에너지를 '회의문화 혁신'에 집중해야 합니다. 모두가 참여하고 모두가 관심 두도록 해야 합니다. 그리고 무엇보다도 중요한 점은 3년 이상 지속해서 추진하는 것입니다. 회의문화 혁신을 기업 변화의 근본 원칙으로 정하여 끝까지 고수하고 일관성을 유지해야 합니다.

　이를 위해서는 구성원의 참여와 지지가 절대적으로 필요합니다. 위의 그림은 변화를 위해서는 구성원의 참여와 공유가 중요함을 제시하고 있습니다. 100을 변화시킬 수 있는 전략을 가졌어도 참여가 없으면 0이 되지만, 50을 변화시킬 수 있는 전략이라도 참여만 있으면 50을 달성할 수 있습니다. 원칙이나 프로세스 등의 전략보다 중요한 것은 내부 구성원의 참여와 공유입니다.

　이렇게 리더의 역할과 목표는 명확하다. 그러니 지금은 당신이 리더십을 발휘할 때입니다. 진짜회의로 조직에 활력을 불어넣어 봅시다.

부록

프로젝트의 개요

Project Overview

주제

○○○그룹 회의 문화 혁신

대상

CEO, 임원 주관 회의(정기 회의체, 분과회의)

목적/목표

□ 목적: 효율적 회의 문화 구축을 통한 경영 효율성(efficiency), 효과성(effectiveness) 제고
□ 목표: 현상 문제점 및 세부 원인 파악을 통한 개선 전략 도출

범위/산출물

Key Question

· 활발한 논의가 이루어지는 회의가 되기 위해 무엇이 변해야 할 것인가?
· 명확한 결론(실행 계획)이 나오는 회의가 되기 위해 무엇이 변해야 할 것인가?

D^3(디 큐빅) Model
① Discovery(문제 발견)
② Design(대안 설계)
③ Doing(대안 실행)

최고경영자/임원 주관 회의 중심

Output

[Final Report]
회의문화 진단 보고서
회의문화 혁신 설계서

기간

□ ○○○○년 ○○월 ○○일(월) ~ ○○월 ○○일(금) / 3개월(총 12주)

본 프로젝트는 ① 현상 이슈 도출의 Discovery단계, ② 전략을 설계하는 Design단계, ③ 전략을 중심으로 실제 코칭과 교육을 통해 적용하고 최종 보완점을 모색하는 Doing의 3단계 프로세스로 진행합니다.

Project Process

『D3 Model』

Phase	Phase I Discovery (현상 이슈 발견 단계)	Phase II Design (개선 전략 수립 단계)	Phase III Doing (실행 단계)

Main Activity	· Project Kick off
	 - Pre-Meeting: T/F 상견례 및 미팅
	 - Project Character 이해
	  : 회사 특성 조직구조
	  회의/행태 등에 대한 이해
	 - CEO Interview & Kick off
	  : Project Goal 규명
	  및 Project Scope 명확화
	
	· 현황 이슈 발견 및 분석
	 - 문화분석
	  : 회사이해, 선진사례 분석 外
	 - 회의 모니터링
	 - 회의 개선점 도출 워크샵
	 - 회의 문화 설문조사
		· 회의문화 개선 접근 전략 수립
		 - Critical Issue 명확화
		 - 개인, 그룹 단위 학습 전략 수립
		 - 영역별 개선 전략 수립
		 - 회의 목적, 방법, 시간, 장소
		  등에 대한 계획
		 - 회의 원칙 수립(for 태플영웅신)
		
		· 홍보 전략 수립
		 - 전사 문화化를 위한 홍보전략
			· 회의문화 개선 활동
			 - Session 1: Coaching 방식
			 - Session 2: Training 방식
			
			· 개선 및 확산 전략의 보완점 파악 및 사후 관리 전략
			수립
			 - AS-IS, TO-BE비교
			 - 추가 개선/보완사항 파악
			 - 지속적 확산을 위한 방안 모색(교육, 제도, 문화,
			  홍보 측면)

Output	현상 분석 결과 보고서	회의문화 개선 설계서	최종 결과 보고서

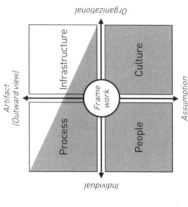

무엇을 해야 하느가?

Approach within a framework(for PPC Project)

☞ Framework는 본 프로젝트의 현상 이슈 도출 및 개선점 제시에 있어 핵심이 되는 4가지 차원을 중심으로 구성됨

☞ 프로젝트의 중요도 비중은
① Culture(문화), ② People(사람),
③ Process(프로세스), ④ Infrastructure(인프라)의 순임.

Artifact
(Outward view)

Organizational

Infrastructure

Culture

Frame work

Process

People

Individual

Assumption
(Inward view)

Project 핵심 영역

Q) 지금까지 다양한 활동을 했는데 왜 변화가 되지 않았을까?

· 이미 회의 문화 개선을 위해 구준히 다양한 시도를 통해 변화를 추진했음
- Process 측면: 다양한 개선활동 (방법, 시간, 횟수 등)
- Infrastructure: 회의보드 지급, 회의공간 확보 및 연출 등

· 그런데 아직도 우리는 회의문화 전반에 대해 만족하지 못하고 있으며 변화가 필요하다고 생각함

Q) 무엇을 변화시켜야 하느가?

☞ Culture & Leadership 강화를 통한 본원적 변화 추구: 한 차원 높은 수준의 변화를 꾀하기 위해 수평적 소통 문화 정착과 이를 위한 리더십에 대한 깊이 있는 성찰이 요구되어지고 있음

✔ Culture
: 우리 회사는 어떤 문화를 가지고 있는가?(폐기해야 할 문화는 어떤 것인가?)
: 우리 회사의 의사소통 풍토(Communication Climate)는 어떠한가?

✔ People
: 리더들의 역량을 어떻게 강화시킬 것인가?
: 구성원들의 역량 중 보완해야 할 영역은 무엇인가?

✔ Process
: 회의 전-중-후 개선이 가장 많이 필요한 부분은 어디이며, 무엇을 변화시켜야 할 것인가?

✔ Infrastructure
: 회의를 위한 인프라 더 필요한 것은??

174

네 가지 영역에서의 현상 이슈와 시사점은 다음과 같습니다.

현상 분석 결과 요약

구분		Fact Finding	Implication(& assumption)
Culture	회의전반	· 회의 만족도 매우 낮으며, 실제 참여의와 필요성 느끼는 회의에 대한 의견차 있음 · 자유로운 발언이 나오기 어려운 경직되고 긴장된 분위기가 자주 연출됨 (유머, 웃음 등이 부족함) · 회사 차원의 임에 대한 참여도 낮음	· 본인 참여 회의에 대한 만족도 포함 전반적으로 부정적 견해. (ⓐ 이미 결론 난 회의 아닌가… 나에게 중요한 이야기가 아닌데…) · 성과가 우선시 되는 분위기에서 개인 성과, 팀 성과에 직접적 영향을 미치지 않는 일은 우선순위에서 밀리는 경향 있음(ⓐ 우리에게 가장 중요한 것은 성과인데 뭐…)
	조직문화	· 성과에 대한 자부심, CEO 성과에 대한 높은 신뢰, but 다양한 변화활동에 대한 약간의 피로도, 협력과 소통 미흡 → One Team, One Spirit, One Goal 부족 · 구성원들은 성과지향 문화에서 관계지향, 혁신 지향 문화로 변화되기를 바라고 있음	· 비전을 중심으로 한 방향 정렬(Vision Alignment) 불일치 · ○○○만의 조직문화는 이것이다'라고 단정하기 어려움(ⓐ 경력자들도 많고, 임원들도 외부에서 많이… 생각도 다르고…) · 회의 등 함께 할 수 있음을 감안한다라도 하나의 조직으로써 집단 응집력(Group Cohesiveness)이 형성되지 않음(ⓐ 우리만 잘 되면 됐지 뭐…)
People	주관자	· 관리자로서의 역할에 충실(체크, 지시, 확인, 통제 등 관리 중심) · 일부 지시적 의사소통 , 정서적 교감(정서라 인정) → · 모호한 Direction(지시), Decision(결정) 있음	· 구성원에 대한 적극적 임파워먼트와 개인적 관심 지지 등이 요구됨 · 칭찬, 격려, 인정, 지지 등 언어 사용 필요(ⓐ 칭찬이라는 걸 들어본 적이 없는 것 같은데…) · 명확한 실행 계획(누가, 무엇을, 언제까지 등) 회의 내에서 결정
	진행자	· 없는 경우도 많으며, 순서 · 시간 관리자로서의 역할만 수행함(ⓐ Facilitation을 할 수 있는 분이가 아닌데…)	· 의제(목적, 목표 등)를 중심으로 상황을 통제할 수 있는 권한 부여 필요 · 전문 Facilitator 육성 필요(→ 중요 회의 전문 Facilitator 한시적 운영)
	참석자	· 현상 보고(계획, 실적) 보고에 초점을 맞추고 참석 · 방어적이며 수동적으로 참여하는 경우 있음	· 이것보다는 발표/공유에 의미를 두는 회의가 많음 · 본인 준비 내용을 발표하는데 집중하는 경향 있음(ⓐ 깨지면 안되지…)
Process	회의 전	· 회의의 목적과 목표에 대한 공감 부족 · 참석인원의 모호함 있음(관심도 낮은 경우)	· 회의 목적과 목표에 대한 다른 관점과 이해를 가지고 있음(ⓐ 또 회의야, 이 회의는 왜 하는 거지…)
	회의 중	· 반복되는 Issue 나열에 그치는 경향 있음 · 참석자 개인의 의견이 0개 가지 않음	· 근본원인에 대한 탐색 노력 부족(ⓐ 일상 업무도 바쁜데…) · 자유롭게 생각·의견을 나누는 것에 익숙하지 않음(ⓐ 이 분위기에서…)
	회의 후	· 명확한 결론 없이 종결되는 경우 많음(시간을 지키는 것에 대한 강박)	· 명확한 실행 계획 결정 미흡(ⓐ 뭘 하라는 거지…누가하라는 거지… · 회의록을 기록·공유하는 것이 사용활동이 아님
Infrastructure		· 공간에 내재되어 있는 권위적 상징물(배치, 의자 등)	· 자유로운 의견 교환이 될 수 있는 공간 필요

※ ⓐ Assumption을 의미하며 implication에 대해서 구성원들이 가지고 있는 암묵적 믿음이나 인식을 대체하는 형식으로 기술한 것임

현상 분석 프로세스

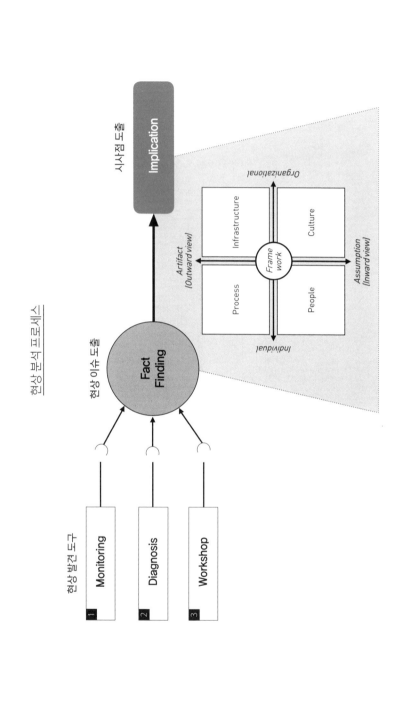

현상 발견 도구

현상 이슈 도출

시사점 도출

Discovery 단계 진행 프로세스

본 프로젝트는 ① 현상과 이슈 도출의 Discovery단계, ② 전략을 설계하는 Design단계, ③ 전략을 중심으로 실제 코칭과 교육을 통해 적용하고 최종 보완점을 모색하는 Doing의 3단계 프로세스로 진행합니다.

Discovery Process

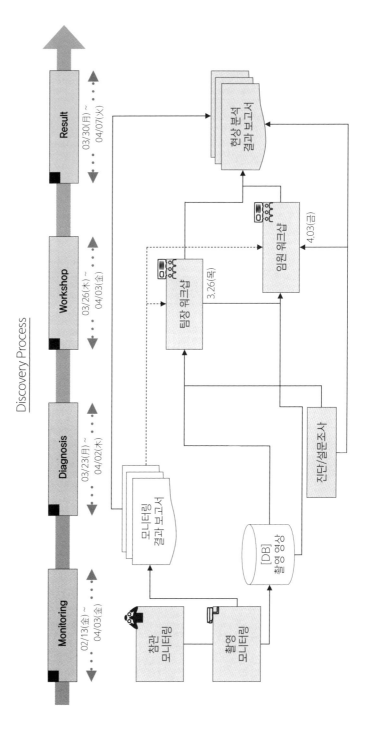

Discovery Tool (for 이슈 발견)

현상 이슈를 찾기 위해서 ① Monitoring(참관 모니터링, 촬영 모니터링), ② Diagnosis(진단/설문조사), ③ Workshop(임원/팀장 대상 워크샵), ④ Interview & Meeting(임원, 팀장 일부 인원을 대상으로 면담기반 활용 미팅)을 실시합시다.

Discovery Tool

Monitoring

[회의 전반]
- Tension
(회의 시작 전, 회의 중)
- Satisfaction
(회의 후 만족도)
: 과정 만족도, 결과 만족도
- Awareness(인식 정도)
: 목적/목표에 대한 인식

[언어 활용 빈도]
- Steal(말 뺏기)
- Direction(지시)
- Criticism(비난)
- Decision(결정)
- Compliment(칭찬)
- Encouragement(격려) 등

Diagnosis

Culture
: Quinn 경합가치 진단

People
: 감성지능과 의사소통 통로

Process
: 회의 전, 중, 후

Infrastructure
: 회의 공간 및 구조
: 제도 및 시스템

Workshop

① 우리 회사 문화에 문제점은 없는가?
② 회의를 위한 인프라는 잘 구축되어 있는가?
③ 회의 프로세스 상에 문제가 되는 부분은 없는가?
④ 리더십 역량에는 문제가 없는가?

(Free) Interview & Meeting

① 현재까지는 회사, 사업부문, 직무 이해를 위해서 진행함.
② 회의에 대해 평소 가지고 있었던 생각 청취

진단은 회의의 핵심성공요소(Critical Success Factor)인 Culture, People, Process, Infrastructure 측면에서 문제점을 도출하고 원인을 명확하게 규명하기 위해 구성되었습니다.

Diagnosis(진단) 문항

구분	파악하고자 하는 것	측정도구	문항 수
Culture	회의 문화 전반의 시사점 도출 현재 조직문화를 파악하고, 향후 조직문화의 변화 방향에 대한 시사점 도출 – 관계지향 문화 – 혁신지향 문화 – 위계지향 문화 – 성과지향 문화	· 회의 프로세스 진단 설문 · Quinn의 경쟁가치모형(competing value framework)	총: 11문항 – 회의문화: 5개 문항 – 조직문화: 6개 문항 (문항별 하위 4문항으로 문 총 24문항)
People	리더(회의의 의장)를 대상으로 감성지능과 의사소통 스타일을 파악하여 시사점 도출 – 감성지능지수 – 의사소통 스타일 구성원(회의 참석자)을 대상으로 회의역량을 파악하여 시사점 도출 – 문제해결력 – 설득력(보고) – 경청능력	· Goleman의 감성지능지수(emotional intelligence) · Costigan의 리더 의사소통 풍토 검사(communication climate inventory) · 역량 사전에서 발췌	총: 58문항 – 감성지능 外: 22문항 – 의사소통 스타일: 36문항
Process	회의 전 – 중 – 후를 중심으로 시사점 도출	· 회의 프로세스 진단 설문	총: 9문항
Infrastructure	물리적 공간 등에 대한 다양한 시사점 도출 – 상기 항목에 포함되지 않은 전반적 내용	· 본 프로젝트를 위해 별도 구성	총: 4문항

[참고] 팀장/임원 워크샵

회의문화 개선점 도출을 위한 팀장/임원 워크샵들을 2회 실시할 계획입니다. (세부 목표 및 주요 논의 안건은 다음 페이지 참조)

팀장 워크샵

① 목적: 효율적인 회의 문화정착을 위한 개선점 파악
② 목표: Culture, Infrastructure, Process, People
　　측면에서 문제점을 도출하고 원인을 명확하게 규명
③ 일시: 03월 26일(木) 14:00 ~ 17:00(3Hrs)
④ 대상: 팀장 21명(전원 참석 요청하였음)
⑤ 워크샵 시간 계획

구분	주요내용	시간*
Prologue	[설명] 프로젝트 배경 워크샵의 취지 [영상] 모니터링 영상 시청(5M 이내)	20min
Main Workshop	[진단] 회의 프로세스/인프라 [토론/작성] 주제1. 우리 회사 회의 문화 문제점 주제2. 회의 프로세스 내 문제점 도출 [진단] 조직문화 진단/리더십 진단 [토론/작성] 주제1. 우리 회사의 현 조직문화와 바람직한 조직 문화 주제2. 회의에 방해가 되는 조직문화 주제3. 회의를 촉진하는 리더의 모습 주제4. 감성자 개발해야 할 역량은?	120min
Epilogue	[정리] 워크샵 내용 정리 및 관심 부탁	20min

임원 워크샵

① 목적: 효율적인 회의 문화정착을 위한 개선점 파악
② 목표: 팀장 워크샵 결과 內 시사점 파악
　　Culture, Infrastructure, Process, People
　　측면에서 문제점을 도출하고 원인을 명확하게 규명
③ 일시: 04월 03일(金) 14:00 ~ 17:00(3Hrs)
④ 대상: 임원 전원(CEO 제외)
⑤ 워크샵 시간 계획

구분	주요내용	시간*
Prologue	[설명] 팀장 워크샵 결과물 설명 [영상] 모니터링 영상 시청(5M 이내)	20min
Main Workshop	[설명] 팀장 워크샵 결과물 설명 [진단] 조직문화, 리더십 역량 위주 [토론/작성] 주제1. 우리 회사의 현 조직문화와 바람직한 조직 문화 주제2. 회의 문화 개선을 위한 리더로서 임원의 역할과 　　　책임 주제3. 임원회의 개선을 위한 아이디어	120min
Epilogue	[정리] 워크샵 내용 정리 및 관심 부탁	20min

* 휴식 시간 20분을 반영한 시간 계획임

효율적인 회의 문화 정착을 위한 개선점 파악을 위해 임원/팀장을 대상으로 하여 워크샵을 실시할 예정입니다.
워크샵의 목표는 Culture, Infrastructure, Process, People 측면에서 문제점을 도출하고 원인을 명확하게 규명하는 것입니다.

Workshop's Objective

효율적인 회의 문화정착을 위한 개선점 파악

회의문화 개선을 위해 전사차원, 팀 차원에서 활동에 대해 생각한다.

우리 회사 회의의 문제를 명확히 정의할 수 있다.

문제를 나누어 문제의 위치를 정확히 찾아낸다.

더 깊고 구체적으로 파고들어 문제의 진짜 원인을 규명한다.

[Critical Success Factor]

회의문화 개선 프로젝트의 필요성과 방향에 대해 이해·수용한다.

[Key Question]
① 우리 회사 문화에 문제점은 없는가?
② 회의를 위한 인프라는 잘 구축되어 있는가?
③ 회의 프로세스 상에 문제가 되는 부분은 없는가?
④ 리더십 역량에는 문제가 없는가?

[참고] 워크샵 주요 논의 의제(Agenda)

Workshop's Agenda

네 가지 측면(Culture, Infrastructure, Process, People)에서 문제점을 도출한다.

1) Culture 측면: Competing value models for organizational culture
   - Quinn의 조직문화 진단을 실시한다.
   - 우리 회사의 조직문화의 이상적 방향점을 중심으로 무엇이 변해야 할 지 논의한다.
     (단, 회의문화 측면에 논의가 진행 될 수 있도록 관리 필요)

2) Infrastructure 측면: 횟수, 시간, 공간
   - 참여하는 회의를 모두 다 적어보게 한다. 필요성이 없다고 생각하는 회의를 체크한다.
   - 적정한 회의 시간, 횟수에 대해 논의한다.
   - 회의 공간의 개수와 효율적인 회의 공간 설계를 위해 필요한 사항에 대해 논의한다.

3) Process 측면: 회의 전, 중, 후
   - 회의 전, 중, 후를 중심으로 진단을 실시한다.
   - 회의 전, 중, 후 부족한 부분이 어디이며, 왜 그런 현상이 일어난다고 생각하는지 논의한다.

4) People: Leadership People, Emotional Intelligence
   - 회의 의장(리더)의 리더십 역할과 감성 역량을 진단한다.
   - 리더의 문제점과 기대방향에 대해 논의한다.

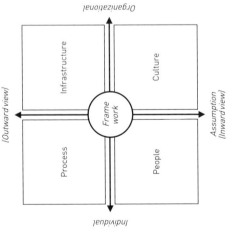

회의문화 혁신 프로젝트 설문조사

안녕하십니까! 최익성 입니다.

먼저 바쁘신 가운데 귀중한 시간을 내시어 본 설문에 응해 주셔서 진심으로 감사 드립니다.

본 설문지는 0000000 회의문화의 현상 문제점을 도출하고 세부 원인을 명확하게 규명하기 위해 작성되었습니다.

본 설문에 대한 귀하의 소중한 의견은 모두 익명으로 처리되며, 응답내용으로 인한 어떠한 불이익도 전혀 없음을 약속 드립니다.

귀하께서 성의 있게 기입하여 주신 내용은 우리 회사 회의문화 개선에 유익한 자료가 될 것입니다. 다소 시간이 걸리더라도, 설문 내용을 빠뜨리지 마시고 응답해 주시면 대단히 고맙겠습니다.

본 설문조사의 내용은 통계법 제 8조에 의해 비밀이 보장되며, 통계 목적 이외에는 어떠한 용도로도 사용되지 않습니다.

귀하의 적극적인 협조에 감사 드리며, 귀하의 성장과 성공을 기원합니다.

0000년 00월

최익성 박사
010-2060-4634
01020604634@daum.net

본 설문지는 회의의 핵심성공요소(Critical Success Factor)인 Culture, People, Process, Infrastructure 측면에서 문제점을 도출하고 원인을 명확하게 규명하기 위해 구성되었습니다.

Culture	People	Process	Infrastructure

구분	파악하고자 하는 것	측정도구
Culture	· 회의 문화 전반의 시사점 도출 · 현재 조직문화를 파악하고, 향후 조직문화의 변화 방향에 대한 시사점 도출 　– 관계지향 문화　　– 혁신지향 문화 　– 위계지향 문화　　– 성과지향 문화	· 기존의 회의문화 진단 문항에서 발췌 · Quinn의 경쟁가치모형 (competing value framework)
People	· 리더(회의의 의장)을 대상으로 감성지능과 의사소통 스타일을 파악하여 시사점 도출 　– 감성지능지수　　– 의사소통 스타일	· Goleman의 감성지능지수 (emotional intelligence) · Costigan의 리더 의사소통 풍토 검사(communication climate inventory)
People	· 구성원(회의 참석자)을 대상으로 회의역량을 파악하여 시사점 도출 　– 문제해결력　　– 설득력(보고)　　– 경청능력	· 플랜비디자인의 역량 사전에서 발췌
Process	· 회의 전–중–후를 중심으로 시사점 도출	· 플랜비디자인의 회의 프로세스 진단 설문
Infrastructure	· 회의의 물리적 공간 등에 대한 다양한 시사점 도출 　– 상기 항목에 포함되지 않은 전반적 내용	· 회의문화 진단 문항에서 발췌

[설문] 회의 문화 전반

1. 지난 1개월을 돌아볼 때 1주일 동안 참석하는 회의 횟수와 시간 및 평균 소요시간은?

횟수(1주일):   시간(1주일):   1회 평균 회의시간:

당신이 참여하는 회의에 대한 만족도는?(대표적 회의 위주로 참석자 4개, 주관자 2개)

	참여하는 회의	참석형태	만족도
01		참석자	1 2 3 4 5 6 7
02		참석자	1 2 3 4 5 6 7
03		참석자	1 2 3 4 5 6 7
04		참석자	1 2 3 4 5 6 7
05		주관자	1 2 3 4 5 6 7
06		주관자	1 2 3 4 5 6 7

업무 중 회의가 차지하는 비중은?(아래 숫자에 빗금으로 표시)

10	20	30	40	50	60	70	80	90	100

	내가 참여하는 회의	추가질문
01	적정하다	
02	줄여야 한다	· 줄일 수 있는가? · 줄이기 위해서 필요한 것은 무엇인가?
03	더 필요하다	· 왜 더 필요하다고 생각하는가?

보고(실적/계획) 위주의 정기 회의체 무엇을 바꿔야 하는가?

횟수	시간	방법

[설문] 회의 문화 전반

2. 당신이 가장 많이 참여하는 회의의 유형은?
(우선순위 순으로 실제 참여 빈도와 필요성을 구분하여 작성바랍니다.)

	회의 유형	예시	참여빈도	필요성
01	정보 공유 및 전달형 회의	1		
02	이해 관계 조정형 회의	3		
03	진척도 확인형 회의(실적, 계획 보고, 지시 중심)	2		
04	문제 해결형 회의	5		
05	아이디어 창출형 회의	4		
06	희사결정형 회의	6		

3. 우리 회사 회의 문화의 문제점은?(가장 큰 문제 3가지를 우선순위 순으로 기재)

	문제점	예시	우선순위
01	장황하게 시간만 길어지고 결론 나지 않는 회의	1	
02	무조건 회의부터 하고 보는 회의 지상주의(자주 해서)		
03	개인 혹인 몇몇의 독단적인 진행		
04	남이 말을 귀담아 듣지 않고 자기 고집만 세우는 것	2	
05	의견에 부정적 비판만 하는 참가자		
06	회의를 위한 자료를 만들어야 하는 것	3	
07	필요 없이 자리만 채우는 현상		
08	지시, 보고만 있는 형식적인 자리가 되는 것		
09	회의에서 결정된 사안이라도 실제 반영되니 않는 것		
10	기타		

4. 참석자 일 때 이런 경우 의견을 내거나 답변하는 것이 힘들다.
(분위기, 분야, 질문 의도 파악 등 다양한 측면에서 당신의 경험을 위주로 기술해주세요)

[설문] 조직문화(1/3)

<작성 방법>

각 항목에 0~100점까지 자유롭게 부여할 수 있으나, **4**개 항목의 합은 반드시 **100**점이 되어야 합니다.

[현재의 모습은...] <u>현재 우리 회사가</u> 질문항목과 같은 특성을 얼마나 갖고 있는지 점수를 부여해 주시기 바랍니다.

[바람직한 미래의 모습은...] <u>가까운 미래에 우리 회사가</u> 질문항목과 같은 특성을 얼마나 지녀야 할 지 점수를 부여해 주시기 바랍니다.

아래의 작성예시를 참고하시기 바랍니다.

<작성 예시>

2. 우리 회사는 직원관리에 있어...	현재의 모습은	바람직한 미래의 모습은
A. 팀웍과 직원들의 참여를 중시한다.	20	20
B. 모험과 혁신 그리고 개인의 개성을 중시한다.	35	30
C. 예측가능한 안정적인 관계를 중시한다.	25	25
D. 상호경쟁과 성과달성을 중시한다.	20	20
(소계)	100 (O)	95 (×)

[설문] 조직문화(2/3)

1. 우리 회사는 전반적으로...	현재의 모습은	바람직한 미래의 모습은
A. 인간적이고 화목하며 가족같은 분위기이다.		
B. 기꺼이 위험을 감수하고 도전하려는 분위기이다.		
C. 매우 제도화되고 안정적이어서 공식적 절차에 따라 일이 진행되는 분위기이다.		
D. 책임감 있는 업무의 완수와 결과를 중시하는 분위기이다.		
(소계)	100	100

2. 우리 회사는 직원관리에 있어...	현재의 모습은	바람직한 미래의 모습은
A. 팀웍과 직원들의 참여를 중시한다.		
B. 모험과 혁신 그리고 개인의 개성을 중시한다.		
C 예측가능한 안정적인 관계를 중시한다.		
D. 상호경쟁과 성과달성을 중시한다.		
(소계)	100	100

3. 우리 회사에서 성공의 판단기준은...	현재의 모습은	바람직한 미래의 모습은
A. 개인을 앞세우기 보다는 얼마나 팀웍이 잘 이루어지는 가에 있다.		
B. 얼마나 독창적이고 새로운 기술을 개발했는가에 있다.		
C. 얼마나 적은 비용을 들여 효과적인 결과를 만들어내는 가에 있다.		
D. 시장에서의 경쟁력이 얼마나 있는가에 있다.		
(소계)	100	100

[설문] 조직문화 (3/3)

4. 우리 회사의 리더는...	현재의 모습은	바람직한 미래의 모습은
A. 구성원을 도와주고 육성하는 역할을 한다.		
B. 창조적이고 혁신적이며 리스크(risk)를 감수하려 한다.		
C. 업무 효율을 위해 조정 또는 중재하는 역할을 한다.		
D. 목표와 우선순위를 강조하며 성과 달성을 지향한다.		
(소계)	100	100

5. 우리 회사를 결속시키는 힘은...	현재의 모습은	바람직한 미래의 모습은
A. 조직에 대한 로열티와 상호신뢰이다.		
B. 혁신과 발전에 몰입하는 것이다.		
C. 공식적인 규정과 지침, 절차를 준수하는 것이다.		
D. 목표달성과 성과이다.		
(소계)	100	100

6. 우리 회사의 주요 전략은...	현재의 모습은	바람직한 미래의 모습은
A. 직원이 사기진작과 역량개발을 중시한다.		
B. 새로운 아이디어와 도전을 통한 성장가능성을 중시한다.		
C. 지속적이고 원만한 관리운영을 중시한다.		
D. 성과목표의 달성을 중시한다.		
(소계)	100	100

[설문] 리더의 감성지능

본 설문은 현재 설문지를 작성하고 있는 본인의 직속상사에 대한 설문입니다. 위의 네모박스에 상사 이름을 적고 해당하는 점수에 동-그라미(○) 표시 하시기 바랍니다.

전혀 그렇지 않다	그렇지 않다	대체로 그렇지 않다	보통이다	대체로 그렇다	그렇다	매우 그렇다
❶	❷	❸	❹	❺	❻	❼

	설문문항	점수
01	그는 자기 감정상태의 원인을 정확히 파악한다.	1 2 3 4 5 6 7
02	그는 자신의 감정을 잘 이해한다.	1 2 3 4 5 6 7
03	그는 자신이 무엇을 느끼는지 잘 파악한다.	1 2 3 4 5 6 7
04	그는 자신의 기분이 좋은지 나쁜지 잘 안다.	1 2 3 4 5 6 7
05	그는 타인의 행동으로부터 타인의 감정을 잘 파악한다.	1 2 3 4 5 6 7
06	그는 다른 사람의 감정을 잘 관찰한다.	1 2 3 4 5 6 7
07	그는 다른 사람의 느낌이나 감정에 민감하다.	1 2 3 4 5 6 7
08	그는 주변 사람들의 감정을 잘 안다.	1 2 3 4 5 6 7
09	그는 스스로 목표를 세우고 달성하기 위해 노력한다.	1 2 3 4 5 6 7
10	그는 스스로 유능한 사람이라고 생각한다.	1 2 3 4 5 6 7
11	그는 스스로 동기를 부여한다.	1 2 3 4 5 6 7
12	그는 최고를 위해 스스로를 격려한다.	1 2 3 4 5 6 7
13	그는 자신의 기분을 제어하며, 합리적으로 어려움을 처리한다.	1 2 3 4 5 6 7
14	그는 자신의 감정을 확실하게 통제한다.	1 2 3 4 5 6 7
15	그는 매우 화가 나더라도 바로 진정한다.	1 2 3 4 5 6 7
16	그는 자신의 감정을 잘 조절한다.	1 2 3 4 5 6 7
17	그는 다른 사람들이 그 주위에 있는 것을 기분 좋게 느끼도록 한다.	1 2 3 4 5 6 7
18	다른 사람들은 그를 완전히 신뢰한다.	1 2 3 4 5 6 7
19	그는 부하직원들의 성취에 대해 칭찬한다.	1 2 3 4 5 6 7
20	그는 부하직원들의 노력을 인정해준다.	1 2 3 4 5 6 7
21	그는 부하직원들을 격려하고 지지한다.	1 2 3 4 5 6 7
22	그는 부하직원들에게 관심을 가지고, 공감을 표현한다.	1 2 3 4 5 6 7

[설문] 리더의 의사소통 스타일(1/2)

상사 이름

본 설문은 현재 설문지를 작성하고 있는 본인의 직속상사에 대한 설문입니다. 위의 네모박스에 상사 이름을 적고 해당하는 점수에 동그라미(○) 표시 하시기 바랍니다.

전혀 그렇지 않다	그렇지 않다	대체로 그렇지 않다	보통이다	대체로 그렇다	그렇다	매우 그렇다
❶	❷	❸	❹	❺	❻	❼

	설문문항	점수
01	그는 나에게 설명할 기회도 주지 않고 내가 한 작업에 대해 비난한다.	1 2 3 4 5 6 7
02	그는 내가 하는 작업에게 가능한 많은 창의성을 용인해준다.	1 2 3 4 5 6 7
03	그는 항상 자신의 부하직원들의 행동에 대해 판단한다.	1 2 3 4 5 6 7
04	그는 작업을 하는 데 있어서 융통성을 용인한다.	1 2 3 4 5 6 7
05	그는 다른 사람들 앞에서 나의 작업에 대해 비난한다.	1 2 3 4 5 6 7
06	그는 다른 사람들의 관점을 수용하려고 하고, 새로운 아이디어를 시도하려고 한다.	1 2 3 4 5 6 7
07	그는 내가 작업을 어떻게 하고 있는지 본인이 통제해야 한다고 생각한다.	1 2 3 4 5 6 7
08	그는 내가 작업에서 직면하는 문제들에 대해 이해하고 있다.	1 2 3 4 5 6 7
09	그는 항상 다른 사람들의 태도와 행동을 본인에게 적합한 것으로 바꾸려고 한다.	1 2 3 4 5 6 7
10	그는 나의 느낌과 가치를 존중한다.	1 2 3 4 5 6 7
11	그는 자신이 항상 상황을 통제해야 한다고 생각한다.	1 2 3 4 5 6 7
12	그는 나의 문제에 대해 관심을 가지고 경청한다.	1 2 3 4 5 6 7
13	그는 자신이 원하는 것을 얻거나, 자신을 보기 좋게 하기 위해 부하직원들을 조종하려고 한다.	1 2 3 4 5 6 7
14	그는 내가 열등감을 느끼지 않도록 한다.	1 2 3 4 5 6 7
15	나는 그에게 말할 때 오해를 받지 않도록 신중해야 한다.	1 2 3 4 5 6 7
16	그는 부하직원들과 함께 참석하는 회의에서 자신의 높은 지위나 권력을 개입시키지 않는다.	1 2 3 4 5 6 7
17	그가 비꼬거나 왜곡할 수 있기 때문에 나는 정말 원하는 것을 좀처럼 말하지 않는다.	1 2 3 4 5 6 7
18	그는 인격적으로 나를 대한다.	1 2 3 4 5 6 7

[설문] 리더의 의사소통 스타일(2/2)

상사 이름

본 설문은 현재 설문지를 작성하고 있는 본인의 직속상사에 대한 설문입니다. 위의 네모박스에 상사 이름을 적고 해당하는 점수에 동그라미(○) 표시 하시기 바랍니다.

전혀 그렇지 않다	그렇지 않다	대체로 그렇지 않다	보통이다	대체로 그렇다	그렇다	매우 그렇다
❶	❷	❸	❹	❺	❻	❼

	설문문항	점수
19	그는 거의 부하직원들 간의 갈등에 신경 쓰지 않는다.	1 2 3 4 5 6 7
20	그는 나를 대하는데 있어 숨은 의도가 없다.	1 2 3 4 5 6 7
21	그는 부하직원들의 문제에 관심이 없다.	1 2 3 4 5 6 7
22	나는 그에게 정직하고 솔직할 수 있다.	1 2 3 4 5 6 7
23	그는 부하직원들이 개인적 위기에 처해 있을 때 사기를 높여주려는 노력을 거의하지 않는다.	1 2 3 4 5 6 7
24	나는 그에게 솔직하게 나의 의견과 생각을 표현할 수 있다.	1 2 3 4 5 6 7
25	그는 나로 하여금 내가 무능하다는 느낌을 갖게 하려고 한다.	1 2 3 4 5 6 7
26	그는 문제를 이해할 수 있게 규명하지만, 부하직원들에게 동의할 것을 강요하지 않는다.	1 2 3 4 5 6 7
27	그는 자신이 책임자라는 것을 명확하게 한다.	1 2 3 4 5 6 7
28	나는 그에게 자유롭게 이야기할 수 있다.	1 2 3 4 5 6 7
29	그는 일이 잘 되기 위해서 자신이 참견해야 한다고 믿는다.	1 2 3 4 5 6 7
30	그는 문제를 규명하고, 이를 부하직원들에게 일깨워 준다.	1 2 3 4 5 6 7
31	그는 자신이 실수할 수 있다는 것을 인정하지 않는다.	1 2 3 4 5 6 7
32	그는 상황에 대해 좋고 나쁨이 대한 꼬리표 없이 공정하게 설명하려고 한다.	1 2 3 4 5 6 7
33	그는 독단적이기 때문에 내가 반대적인 입장을 표명하는 것은 소용없는 일이다.	1 2 3 4 5 6 7
34	그는 나에게 유사 반응에 대한 기대 없이 자신의 느낌과 새각을 나타낸다.	1 2 3 4 5 6 7
35	그는 자신이 항상 옳다고 생각한다.	1 2 3 4 5 6 7
36	그는 상황에 대해 명확하고 개인적인 편견 없이 설명하려고 노력한다.	1 2 3 4 5 6 7

[설문] 회의 참석자의 역량

본 설문은 현재 설문지를 작성하고 있는 자신에 대한 설문입니다. 해당하는 점수에 동그라미(○) 표시 하시기 바랍니다.

전혀 그렇지 않다	그렇지 않다	대체로 그렇지 않다	보통이다	대체로 그렇다	그렇다	매우 그렇다
❶	❷	❸	❹	❺	❻	❼

	설문문항	점수
01	나는 담당하고 있는 부문의 현상을 정확하게 파악하고 있다.	1 2 3 4 5 6 7
02	나는 문제의 원인을 논리적으로 판단하고 분석할 수 있다.	1 2 3 4 5 6 7
03	나는 효과적인 대안을 제시할 수 있다.	1 2 3 4 5 6 7
04	나는 나의 생각을 핵심 위주로 명확하게 전달할 수 있다.	1 2 3 4 5 6 7
05	나는 나의 관점을 상대로 하여금 이해할 숭 씨도록 설명할 수 있다.	1 2 3 4 5 6 7
06	나는 근거를 명확하게 제시하여 상대를 설득한다.	1 2 3 4 5 6 7
07	나는 다른 사람이 이야기를 세심하게 듣는다.	1 2 3 4 5 6 7
08	나는 다른 사람의 견해를 이해하려고 노력한다.	1 2 3 4 5 6 7
09	나는 질문의 요지를 명확하게 파악한다.	1 2 3 4 5 6 7

회의 참석자(의장으로 제외한 참석자)의 역량을 중 문제해결력, 설득력, 경청능력을 제외하고 추가적으로 필요한 것이 있다면 무엇인가요?

[설문] 회의 프로세스

각 문장을 읽고 아래 응답기준에 따라 자신의 의견(생각 또는 느낌)과 문항의 내용이 일치하는 정도에 따라 적절한 숫자에 적어주십시오.

전혀 그렇지 않다	그렇지 않다	대체로 그렇지 않다	보통이다	대체로 그렇다	그렇다	매우 그렇다
❶	❷	❸	❹	❺	❻	❼

	설문문항	점수
01	회의 실시는 최소 3일 전에 공지되며, 사전 준비가 철저하다.	1 2 3 4 5 6 7
02	회의 공지 시 명확한 Agenda(회의 목적과 목표)가 공지된다.	1 2 3 4 5 6 7
03	회의에 꼭 필요한 참석자만을 선별하여 소집한다.	1 2 3 4 5 6 7
04	회의 시작 및 종료시간을 엄수하여 진행한다.	1 2 3 4 5 6 7
05	회의 진행 시 의견 발언에 부담이 전혀 없다.	1 2 3 4 5 6 7
06	회의 진행은 논점에 맞게 진행된다.	1 2 3 4 5 6 7
07	사전에 목적한 대로 회의 후 결론이 도출된다.	1 2 3 4 5 6 7
08	회의 후 회의록을 기록하여 배포한다.	1 2 3 4 5 6 7
09	회의에서 도출된 결정사항이 추적 관리된다.	1 2 3 4 5 6 7

그 외 우리 회사의 회의프로세스(회의 시작 전, 회의시간 내, 회의 후) 내에 개선이 요구되어지는 것은 무엇이 있는가?

[설문] 회의 인프라 측면

1. 회의 공간, 필요 자원 등 물리적 인프라에 대한 질문입니다.

	질문	답변
01	우리 회사 회의 공간 얼마나 더 필요한가?	대회의실(30명 이상) 중회의실(10~20명) 소회의실(10명 이내)
02	회의 공간에 필요한 회의도구는 무엇이 있는가? (e.g. 화이트보드, TV, 빔프로젝터 등)	
03	회의 공간을 연출 시 고려하면 좋은 요소는? (색, 회의실 구조, 조명, 벽/바닥, 의자, 음향 등)	
04	효율적 회의를 위해 회의 공간에 대한 아이디어는?	

성별	① 남 ( )	② 여 ( )		
연령	① 20대 ( )	② 30대 ( )	③ 40대 ( )	④ 50대 이상 ( )
학력	① 고졸 ( )	② 전문대졸 ( )	③ 대졸 ( )	④ 대학원 이상 ( )
직위	① 사원 ( ) ⑤ 부장 ( )	② 대리 ( ) ⑥ 임원 ( )	③ 과장 ( )	④ 차장 ( )
근무년수 (현 회사)	① 1년 미만 ( ) ④ 10 - 15년 ( )	② 1 - 5년 ( ) ⑤ 16 - 20년 ( )	③ 5 - 10년 ( ) ⑥ 21년 이상 ( )	

설문에 끝까지 응답해 주셔서
진심으로 감사합니다.

[설문] 회의문화 개선을 위한 모니터링 後 설문

1. 회의의 명칭과 회의의 목적은 무엇인가?

회의 명칭

오늘 회의에서는 Facilitator(회의 촉진자) 역할을 하는 사람이 있었다.   Y   N

오늘 같은 회의를 효율적으로 진행하기 위해 능숙한 Facilitator가 필요하다.   Y   N

당신이 생각하는 오늘 회의의 목적은 무엇인가?

2. 당신이 생각하는 오늘 회의의 유형은?(가장 비중이 높은 것으로 1개 체크)

01. 정보 공유 및 전달형 회의 ☐	04. 문제해결형 회의 ☐
02. 이해 관계 조정형 회의 ☐	05. 아이디어 창출형 회의 ☐
03. 진척도 확인형 회의 ☐	06. 의사결정 회의 ☐

	회의 유형	내용
01	정보 공유 및 전달형 회의	경영층이나 리더들이 구성원에게 자신의 생각이나 정보를 전달하고 그에 대한 질문(구성원이 리더에게)을 받기 위해, 또는 새로운 정책이나 새로운 목표 등에 대한 정보를 단순히 전달하기 위해 개최
02	이해 관계 조정형 회의	조직 내, 조직 간 의견이 통일되어 있지 않은 경우, 하나의 목표나 과제 달성을 목표로 서로의 의견을 조율하기 위해 개회
03	진척도 확인형 회의	주간, 월간 단위의 실적, 향후 계획, 이슈를 보고하고 질의응답 또는 지시/지침을 받기 위해 개최
04	문제해결형 회의	조직 내외에서 어떤 문제가 발생했을 때 이에 대한 대책이나 해결을 위해 개최
05	아이디어 창출형 회의	자료 또는 정보를 수집하거나, 새로운 아이디어 도출 및 참석자의 다양한 생각을 공유하여 더 좋은 아이디어를 만들기 위해 개최(의사결정 회의의 예비 단계)
06	의사결정형 회의	새로운 제도나 상품 개발 전략 등의 수립 내용에 대한 최종 의견 조율 및 결정이 필요할 때 개최

3. 당신이 생각하는 오늘 회의 전반의 목표는 무엇이며, 그 목표는 달성했는가?

당신이 생각하는 오늘 회의의 목표는?

목표는 몇 % 달성하였는가?

	1	2	3	4	5	6	7	8	9	10	
전혀 달성하지 못했다	○	○	○	○	○	○	○	○	○	○	완벽하게 달성했다

4. 오늘 회의에 대한 만족도를 확인하기 위한 질문입니다.(10개 문항에 대해 7점 척도 체크)

전혀 그렇지 않다	그렇지 않다	대체로 그렇지 않다	보통이다	대체로 그렇다	그렇다	매우 그렇다
❶	❷	❸	❹	❺	❻	❼

	설문문항	점수
01	회의 시작 전 회의장 내에 분위기는 딱딱하고 경직되어 있었다.	1 2 3 4 5 6 7
02	회의는 경직된 분위기에서 진행되었다.	1 2 3 4 5 6 7
03	회의 진행자(F/T)는 회의를 효율적으로 운영하였다.	1 2 3 4 5 6 7
04	나는 오늘 회의에 대한 전반적으로 만족한다.	1 2 3 4 5 6 7
05	나는 내가 준비한 내용을 모두 말했다.	1 2 3 4 5 6 7
06	의장(스폰서)은 내 발표 내용이나 의견을 전반적으로 이해한 것으로 판단 된다.	1 2 3 4 5 6 7
07	의장을 제외한 참석자들은 내 발표 내용이나 의견을 전반적으로 이해한 것으로 판단된다.	1 2 3 4 5 6 7
08	의장(스폰서)은 내 발표 내용이나 의견에 관심을 가졌다.	1 2 3 4 5 6 7
09	의장을 제외한 참석자들은 내 발표 내용이나 의견에 관심을 가졌다.	1 2 3 4 5 6 7
10	내 발표와 의견에 대해 다양한 의견과 피드백이 오고 갔다.	1 2 3 4 5 6 7

5. 회의에 대한 개선점을 도출하기 위한 질문입니다.

오늘 회의에서
만족스러운 부분과 이유는?

오늘 회의에서
불만족스러운 부분과 이유는?

개인별 레포트(for 개인 코칭)

[진단 ①] 의사소통 풍토(communication climates)

리더의 의사소통 풍토(communication climates)

스타일	순서	구분	평균*	A	B	C	D	E	F	G
방어적 의사소통 (Defensive Communication)	1	평가	3.21							
	2	통제	4.11							
	3	왜곡	3.69							
	4	중립	3.10							
	5	우월	4.04							
	6	확신	3.37							
개인별 평균			3.59							
지지적 의사소통 (Supportive Communication)	1	준비성	4.58							
	2	공감	4.46							
	3	형평성	4.92							
	4	자발성	4.78							
	5	문제지향	4.61							
	6	서술	4.52							
개인별 평균			4.65							

* 평균: Client社 유효 설문에서 나온 결과

[진단 ①] 의사소통 풍토(communication climates)

리더의 의사소통 풍토(communication climates)

	문항	본인	평균
01	그는 나에게 설명할 기회도 주지 않고 내가 한 작업에 대해 비난한다.		
02	그는 내가 하는 작업에게 가능한 많은 창의성을 용인해준다.		
03	그는 항상 자신의 부하직원들의 행동에 대해 판단한다.		
04	그는 작업을 하는 데 있어서 융통성을 용인한다.		
05	그는 다른 사람들 앞에서 나의 작업에 대해 비난한다.		
06	그는 다른 사람들의 관점을 수용하려고 하고, 새로운 아이디어를 시도하려고 한다.		
07	그는 내가 작업을 어떻게 하고 있는지 본인이 통제해야 한다고 생각한다.		
08	그는 내가 작업에서 직면하는 문제들에 대해 이해하고 있다.		
09	그는 항상 다른 사람들의 태도와 행동을 본인에게 적합한 것으로 바꾸려고 한다.		
10	그는 나의 느낌과 가치를 존중한다.		
11	그는 자신이 항상 상황을 통제해야 한다고 생각한다.		
12	그는 나의 문제에 대해 관심을 가지고 경청한다.		
13	그는 자신이 원하는 것을 얻거나, 자신을 보기 좋게 하기 위해 부하직원들을 조종하려고 한다.		
14	그는 내가 열등감을 느끼지 않도록 한다.		
15	나는 그에게 말할 때 오해를 받지 않도록 신중해야 한다.		
16	그는 부하직원들과 함께 참석하는 회의에서 자신의 높은 지위나 권력을 개입시키지 않는다.		
17	그가 비판하거나 해독할 수 있기 때문에 나는 정말 원하는 것을 좀처럼 말하지 않는다.		
18	그는 인격적으로 나를 대한다.		

[진단 ①] 의사소통 풍토(communication climates)

리더의 의사소통 풍토(communication climates)

	문항	본인	평균
19	그는 거의 부하직원들 간의 갈등에 신경 쓰지 않는다.		
20	그는 나를 대하는 데 있어 숨은 의도가 없다.		
21	그는 부하직원들의 문제에 관심이 없다.		
22	나는 그에게 정직하고 솔직할 수 있다.		
23	그는 부하직원들이 개인적 위기에 처해 있을 때 사기를 높여주려는 노력을 거의하지 않는다.		
24	나는 그에게 솔직하게 나의 의견과 생각을 표현할 수 있다.		
25	그는 나로 하여금 내가 무능하다는 느낌을 갖게 하려고 한다.		
26	그는 문제를 이해할 수 있게 규명하지만, 부하직원들에게 동의하게 것을 강요하지 않는다.		
27	그는 자신이 책임자라는 것을 명확하게 한다.		
28	나는 그에게 자유롭게 이야기할 수 있다.		
29	그는 일이 잘 되기 위해서 자신이 참견해야 한다고 믿는다.		
30	그는 문제를 규명하고, 이를 부하직원들에게 일깨워 준다.		
31	그는 자신이 실수할 수 있다는 것을 인정하지 않는다.		
32	그는 상황에 대해 좋고 나쁨이 대한 꼬리표 없이 공정하게 설명하려고 한다.		
33	그는 독단적이기 때문에 내가 반대적인 입장을 표명하는 것은 소용없는 일이다.		
34	그는 나에게 유사 반응에 대한 기댐 없이 자신의 느낌과 생각을 나타낸다.		
35	그는 자신이 항상 옳다고 생각한다.		
36	그는 상황에 대해 명확하고 개인적인 편견 없이 설명하려고 노력한다.		

의사소통 풍토(communication climates) 하위 항목 항목 설명

스타일	순서	구분	문항	항목 설명
방어적	1	평가	01, 03, 05	이 수치가 높은 리더는 비판적이고 판단적이며 구성원들이 설명을 잘 수용하지 않을 수 있다.
	2	통제	07, 09, 11	이 수치가 높은 리더는 지속적으로 권위적인 태도로 지시하고 다른 사람들을 자신의 방향으로 변화시키려고 할 수 있다.
	3	책략	13, 15, 17	이 수치가 높은 리더는 구성원들을 구성원들이 말했던 것에 대해 종종 잘못 해석하거나, 비꼬거나 왜곡할 가능성이 있다.
	4	중립	19, 21, 23	이 수치가 높은 리더는 최소한의 지원만 하고 구성원의 개인적 문제와 강등에 무관심 할 수 있다.
	5	우월	25, 27, 29	이 수치가 높은 리더는 구성원들에게 누가 책임자인지를 상기시키고, 가까이에서(업무)에 참견하고 구성원들로 하여금 무능하다는 느낌이 들게 할 수 있다.
	6	확신	31, 33, 35	이 수치가 높은 리더는 독단적이고 실수를 인정하려 하지 않을 것이다.
지지적	1	준비성	02, 04, 06	이 수치가 높은 리더의 유연성, 실험정신, 창의성을 허용한다.
	2	공감	08, 10, 12	이 수치가 높은 리더는 구성원들의 문제에 대해 잘 이해하고 공감하려고 노력하며 구성원들이 느낌과 가치를 존중한다.
	3	형평성	14, 16, 18	이 수치가 높은 리더는 구성원들이 열등감을 느끼지 않도록 하기 위해 노력하며, 상황통제를 위해 지위를 사용하지 않으며 다른 사람의 지위를 존중한다.
	4	자발성	20, 22, 24	이 수치가 높은 리더의 의사소통은 숨은 의도 없이 정직하며, 아이디어를 자유롭게 표현할 수 있다.
	5	문제지향	26, 28, 30	이 수치가 높은 리더는 해결책을 제시하기 보다는 문제를 규명하고, 서로 간의 문제에 대해 토론을 하는데 개방적이며 구성원의 동의를 강요하지 않을 것이다.
	6	서술	32, 34, 36	이 수치가 높은 리더의 의사소통은 명확하고 상황에 대해 공정한 설명을 하며, 변화의 필요성을 피력하지 않고도 자신의 견해를 보여줄 것이다.

[진단 ②] 감성지능(Emotional Intelligence)

감성지능(Emotional Intelligence)

	문항	본인	평균
01	그는 자기 감정상태의 원인을 정확히 파악한다.		
02	그는 자신의 감정을 잘 이해한다.		
03	그는 자신이 무엇을 느끼는지 잘 파악한다.		
04	그는 자신의 기분이 좋은지 나쁜지 잘 안다.		
05	그는 타인의 행동으로부터 타인의 감정을 잘 파악한다.		
06	그는 다른 사람의 감정을 잘 관찰한다.		
07	그는 다른 사람의 느낌이나 감정에 민감하다.		
08	그는 주변 사람들의 감정을 잘 안다.		
09	그는 스스로 목표를 세우고 달성하기 위해 노력한다.		
10	그는 스스로 유능한 사람이라고 생각한다.		
11	그는 스스로 동기를 부여한다.		
12	그는 최고를 위해 스스로를 격려한다.		
13	그는 자신의 기분을 제어하며, 합리적으로 어려움을 처리한다.		
14	그는 자신의 감정을 확실하게 통제한다.		
15	그는 매우 화가 나더라도 바로 진정한다.		
16	그는 자신의 감정을 잘 조절한다.		
17	그는 다른 사람들이 그 주위에 있는 것을 기분 좋게 느끼도록 한다.		
18	다른 사람들은 그를 완전히 신뢰한다.		
19	그는 부하직원들의 성취에 대해 칭찬한다.		
20	그는 부하직원들의 노력을 인정해준다.		
21	그는 부하직원들을 격려하고 지지한다.		
22	그는 부하직원들에게 관심을 가지고, 공감을 표현한다.		

감성지능이란 자신의 느낌이나 감정, 그리고 타인의 느낌과 감정을 감지하고, 그런 느낌과 감정을 분별하고 자신의 사고와 행동을 이끌기 위해 이 정보를 사용할 수 있는 능력을 포함한 일종의 사회적 지능을 말합니다.

	항목	내용
1	자기감성이해 (Self Emotion Appraisal)	자신의 감정 상태에 대한 명확한 이해하는 능력
2	타인감성이해 (Others' Emotion Appraisal)	타인의 말이나 표정을 통해 그의 감정을 읽어내고, 그의 감정에 공조하거나 공감할 수 있는 능력
3	감성 활용 (Use of Emotion)	자신의 강점, 능력, 장단점 등을 명확히 이해라고 이를 활용하는 능력
4	감성조절 (Regulation of Emotion)	자신의 감정과 욕구를 제어할 수 있는 능력
5	신뢰* (Trustworthy)	타인으로부터 함께하고 싶다고 느끼고, 호감과 신뢰받는 능력
6	칭찬, 인정, 지지* (Inspiration)	타인을 격려하고 인정하고 지지하는 능력

* 감성지능은 4개 항목으로 구성되나, 본 프로젝트에서는 리더의 행동 특성을 구체적으로 확인하기 위해 신뢰와 칭찬, 인정, 지지 등의 문항을 추가하여 진단을 실시하였음.

[진단 ③] 내 마음의 창

	문항	평균
1	그는 생각하고 있는 바를 자신 있게 말한다.	
2	그는 상대방이 그를 비판할 때 변호를 하기보다는 귀를 기울이는 편이다.	
3	그는 어떤 일에 대하여 잘 모르는 것은 잘 모른다고 확실히 말한다.	
4	다른 사람의 말에 대해 몸짓과 표정, 눈길로 관심을 나타낸다.	
5	그는 자기 자신을 솔직하게 표현한다.	
6	그는 남이 무엇인가를 표현하려고 애쓸 때에도 그것을 도와준다.	
7	그는 별로 좋은 일이 아닐지라도 남들이 알아야 할 일이라면 일러준다.	
8	그는 자신의 의견에 대해서 상대방이 어떻게 생각하는지 물어보고 결정하는 편이다.	
9	그는 인간관계에 있어서 자신을 정직하게 표현한다.	
10	그는 다른 사람들이 그들의 생각을 자유로이 제기할 수 있도록 한다.	
11	그는 자신의 감정이나 생각을 터놓고 이야기한다.	
12	그는 대화나 토의를 할 때 다른 사람이 그들의 생각을 얘기하도록 권장한다.	
13	그는 처음 만나는 사람에게도 자신을 솔직하게 드러내는 편이다.	
14	그는 이야기를 독점하여 상대방을 짜증나게 하는 일이 거의 없다.	
15	그는 다른 사람에 비해 비밀이 적은 편이라고 생각한다.	
16	그는 관심을 갖는 체하거나, 경청하는 체하지 않는다.	
17	그는 본대로 솔직하게 이야기하며, 거짓말을 하지 않는다.	
18	그는 다른 사람이 그의 말에 찬성하지 않는다고 화내거나 무례해하지 않는다.	
19	그는 자신의 본성을 그대로 나타내며, 가장하지 않는다.	
20	그는 다른 사람이 조언이나 충고를 고맙게 받아들인다.	
21	그는 다른 사람이 이해할 수 있는 말과 용어를 쓴다.	
22	그는 중요한 토의를 할 때 방해되는 일이 일어나지 않도록 사전에 예방조치를 한다.	
23	그는 다른 사람이 잘못을 했을 경우 잘못한 사람에게 솔직하게 이야기한다.	
24	그는 잘 몰랐을 경우에는 이를 바로 인정한다.	

당신을 위해 응답해 준 사람은 [7명] 입니다.

홀수합계: Exposure(자기노출) [34]

짝수합계: Acceptance(의견수용) [27]

개인과 집단 속에서 서로 관계를 맺을 때 자신과 상대를 깊게 이해하는 데 이용되는 도구적 틀이 개발되었는데, 발달심리학자 조셉 루프트와 해리 잉햄이 이론을 한데 묶어 '내 마음의 창'이라고 칭합니다.

내 마음의 창은 크게 4가지의 창으로 이루어진다. 나도 알고 너도 아는 '열린 창', 나는 알고 너는 모르는 '숨겨진 창', 나는 모르고 너도 아는 '보이지 않는 창', 나도 모르고 너도 모르는 '미지의 창'이 있다. 이 4가지의 창을 잘 이해하고 활용하면 건강하고 원만한 관계를 맺을 수 있다는 것인데, 요즘 들어 가장 문제가 되고 있는 영역은 숨겨진 창과 '미지의 창'이 아닐까 싶다.

'숨겨진 창'에서는 나의 욕망, 감정 등을 나는 알지만, 상대는 모르기 때문에 의사소통이 원활하지 않으면 서로 오해한다면서 불신이 깊어질 수 있다.

'미지의 창'의 경우는 서로 도저히 통찰하지 못하는 잠재적 영역으로 이해되는데, 상황에 따라서 제 3자의 개입이 필요한 영역이라고 할 수 있다.

나에 대해서	내가	
	안다	모른다
안다 (남이)	① 나도 알고 남도 안다 (open)	② 나는 모르고 남도 안다 (Blind)
모른다 (남이)	③ 나는 아는데 남은 모른다 (Hidden)	④ 나도 모르고 남도 모른다 (Unknown)

유형	특징
① 표시 (① ② / ③ ④)	[공유영역이 넓은 유형] 자신에 대해 적극적으로 이야기하고 남의 의견도 적극적으로 듣는다. 상호공감대가 쉽게 만들어진다. 원만한 관계가 이루어진다.
② 표시 (① ② / ③ ④)	[눈먼 영역이 넓은 유형] 자신에 대한 이야기를 많이 하는 편이다. 지나치게 자기주장이 강하고 남의 말을 잘 듣지 않는 경향도 있다. 심한 경우에는 상대방의 입장을 자기 중심에서 이해하는 경향도 강하다.
③ 표시 (① ② / ③ ④)	[숨겨진 영역이 좁은 유형] 자신에 대한 이야기를 아끼는 편이다. 자기만의 비밀을 간직하는 편이다. 사생활이 알려지는 것을 싫어한다. 남이 물어도 좀처럼 말을 아끼는 편이다.
④ 표시 (① ② / ③ ④)	[미지의 영역이 넓은 유형] 자신에 대한 이야기를 잘하지 않는다. 남의 이야기도 참 듣지 않는 편이다. 관계가 자주 많아진다. 다가오는 사람들이 없거나 극히 제한된 사람들과 관계를 맺는다.

[진단 ④] 커뮤니케이션 측면의 강점

관계	응답 내용(17. ※ 그/그녀의 강점과 강점을 발휘했던 구체적 사례를 작성해주세요.)
그는 나의 선배입니다.	7~8년 전의 이메일 및 교신 내용까지 기억하고 있어, 바이어가 질문이 들어왔을 때 수월하게 회신이 가능함
그는 나의 동료입니다.	추진력과 어떠한 사고가 발생했을 때 대변함이다. 잘못된 사람의 원인 추궁보다는 문제 해결에 초점을 맞추며, 해외법인과 논쟁 시 그 당사이라는 부분에 힘을 실어 함을 실어야 할지 상황 파악이 빠르다.
그는 나의 선배입니다.	통찰력이 있다.
그는 나의 선배입니다.	모든 분에게 친절하다.
그는 나의 동료입니다.	바이어 상담 시 결정을 잘한다.
그는 나의 선배입니다.	있는 그대로 얘기하는 편이라, 특히 바이어들이 좋아한다.
그는 나의 선배입니다.	바이어가 오는 경우, 자신감 있는 모습으로 바이어에게 셈플이나 회사에 대해 어필하여 바이어가 믿음을 가질 수 있는 분위기를 조성한다.

회의 모니터링 결과 #10

회의의 개요

회의 명: ○○○○주간회의 / 11명   03/16

· 회의의 목적: 타 부문(팀)의 업무 내용에 대한 이해를 통한 시너지 창출
· 회의의 목표: 현황 및 정보 공유

| Facilitator 운영여부 | Y | ✔ |
| Facilitator 필요성 | ✔ | N |

· 회의의 유형

| 01 | 정보 공유 및 전달형 회의 | | 03 | 전략도 확인형 회의 | ✔ | 05 | 아이디어 창출형 회의 | |
| 02 | 이해 관계 조정형 회의 | | 04 | 문제해결형 회의 | | 06 | 의사결정형 회의 | |

※ 전반적으로 개발·실적·이슈를 발표한 후에 의장으로부터 지침/질문을 받는 방식으로 진행되어 전형적인 전략도 확인형 회의로 판단되나, 설문 응답자는 문제해결, 정보 공유 및 전달형 회의로 인식하고 있는 경우가 있음

· 회의 목표 달성도(개인 평가 결과: 평균점)

1	2	3	4	5	6	7	8	9	10

전혀 달성하지 못했다   ✔6.67 (n=10)   완벽하게 달성했다

회의 모니터링 결과 #10

Fact Finding

회의명: ㅇㅇㅇㅇ주간회의 / 11명

회의 만족도 조사 결과(정량)

구분		평균/만점
목표달성도	회의 결과	10.00
분위기(긴장도)	회의 시작 전	7.00
	회의 중	7.00
운영만족도	회의 전반	7.00
회의 전반 만족도	회의 전반	7.00
내용 공유 만족도	회의 전반	7.00
	의장(스폰서)의 이해 정도	7.00
	참석자의 이해 정도	7.00
타인의 이해/관심 정도	의장(스폰서)의 관심 정도	7.00
	참석자의 관심 정도	7.00
	다양한 의견 교환/피드백	7.00

회의 참석자의 의견

· 부서에 대한 서로간의 이해 부족
· 상황에 대한 정확한 보고 어려움(intercept가 일어남)
· 평소에 비해 짧은 미팅이라 반복적 이슈 지속
· 문제해결방안 없이 반복적 이슈 지속
· 이슈 사전 배포 및 해결 방안에 대한 자유로운 의견 교환 필요
· 대부분의 경우 본인의 의견의 중시하지 않았음

관찰자 확인 사항

구분			내용
01	회의 시작 및 종료시간을 엄수하여 진행한다.	Y	1시간 30분 진행 (시간에 대한 별도 고지 없었음)
02	회의 진행 시 의견 발언에 부담이 전혀 없다.	-	긴장도 및 내용 공유 만족도 참고
03	회의 진행은 논제에 맞게 진행된다.	-	보고 위주
04	사전에 목적한 대로 회의 후 결론이 도출된다.	-	별도 결론 필요없지 않은 회의
05	회의 중 회의록을 기록한다.	N	별도로 없었음

Communication Network Analysis

회의명: ○○○○주간회의 / 11명 03/16

	A	B	C	D	E	F	G	H	I	J	K
A		2	2	2	0	2	3	6	3	1	1
B	3		0	0	0	1	0	0	0	0	0
C	3	0		0	0	1	0	0	0	0	1
D	3	0	0		0	1	0	0	0	0	0
E	1	0	0	0		1	0	0	0	0	0
F	1	0	0	0	0		0	0	0	0	0
G	4	0	0	0	0	1		0	0	0	0
H	7	0	0	0	0	1	0		0	0	0
I	4	0	0	0	0	1	0	0		0	0
J	2	0	0	0	0	1	0	0	0		0
K	2	0	1	0	0	1	0	0	0	0	

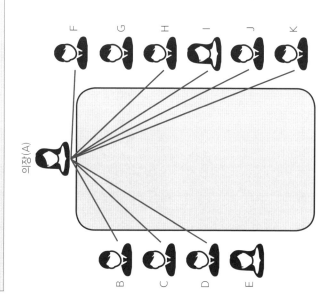

회의 모니터링 결과 #10

언어적, 비언어적 커뮤니케이션 활용 빈도

회의 명: ○○○○주간회의 / 11명

03/16

긍정(Positive)		부정(Negative)	
Total(전체)	2	Total(전체)	6
Compliment(칭찬)	1	Blame(비난)	1
ncouragement(격려)	0	Attack(공격)	1
Humor(유머)	1	Disregard(무시)	1
Empathy(공감)	0	Intercept(말 끊기)	2
Warmhearted(인정)	0	Uninterested(무관심)	1
P Question(긍정질문)	0	N Question(부정질문)	0

개인 코칭 주요내용

대상	주요내용
	· [Feedback] 항목간의 진폭이 가장 크고, 정량적 평가 수치가 낮은 편임. 항목 하나 하나를 체크하면서 어떤 점 때문에 구성원들이 그렇게 평가했다고 생각했는지 대화를 진행함
	· [Reaction] 낮은 신뢰지수 및 커뮤니케이션 스타일 전반에 대해 낮은 점수를 받은 것에 대해 놀람(일부는 본인도 인식하고 있다는 표현을 함), 정서적 교감이나 교류를 하는 것이 부족했음을 인정함(단, 업무 내용, 원거리 등이 사유를 가끔 언급함 → 원인에 대한 회피적 성향이 발언으로 아니었으면 정황 설명 차원에서) 본인의 기대와 구성원의 역량 수준 간에 차이가 있다고 생각하며 효율적으로 업무가 진행되지 않는 것이 회의나 커뮤니케이션 등에 영향을 미치는 것으로 생각하고 있음. 구성원들과 정서적 교류를 위해 노력하겠다는 의지를 다양하게 표현함.
	· [Suggestion] 의지보다 더 중요한 것은 실천임을 강조함. 타인이 수용하지 못한다면 커뮤니케이션이 이루어진 것이 아님을 거듭 강조하고 공감을 얻음.
	· [Opinion] 조직을 이끌고 사업 성과를 만들기 위해서는 구성원과 신뢰 회복이 가장 중요한 과제임
	· [Feedback] 주로 진단 결과를 중심으로 감성적 리더십의 필요성 언급
	· [Reaction] 정량적 수치가 평균점과 비교할 때 낮은 편으로 구성원들이 진단 결과에 많이 놀랐음. → 자신의 관리스타일, 리더십 행동 중 중요하게 변화가 필요한 영역이 무엇인지에 대해서 깊이 있는 성찰을 요구함
	· [Suggestion] 변화 의지를 가지고 있는 것은 분명함. 본인도 최근 코칭을 받고, 임원 교육에 참여하면서 변화를 시도해야겠다는 생각을 많이 하고 있다고 말함. 그러나 스타일을 바꾸는 것은 여전히 힘들고 어려운 일임(본인도 인정하면 기존 방식을 합리화하는 경향이 있음)
	· [Opinion] 타인을 통해 자신을 돌아다 보는 기회가 더 필요함. (건설적 피드백을 수용할 용기가 수반되어야 할 것)

회의 진행자 교육은 실제 행동 중심으로 진행되어야 합니다. 회의문화 개선, 회의문화 혁신에 대한 기업들의 고민이 참 많은 듯합니다. 최근 많은 기업을 대상으로 회의문화 원칙 수립, 문화 변화 컨설팅, 회의 모니터링/피드백 등을 활동을 하고 있습니다. 회의 진행자들을 대상으로 한 회의 진행자 과정, 회의 간사 양성 과정, 회의 진행자 과정 등을 진행하고 있습니다. 이는 이름만 다를 뿐 회의 진행을 수월하게 할 수 있는 사람을 양성하는 것이 목표입니다. 다음은 회의 교육을 할 때 자주 하는 말입니다.

"우리가 회의 교육을 할 때 많은 비용을 사용하는데 그 비용을 날려버리기는 아주 쉽습니다. 회의 진행자 교육 후 돌아와서 다음 회의에서 '제가 진행하도록 하겠습니다… 오늘 회의는 ~' 이렇게 하려고 하는데 갑자기 누군가가 "야~ 앉아라…", '알았고…하던 대로 합시다.'라고 한마디만 하면 됩니다. 회의 교육은 어떻게 진행되어야 할까요?

첫째, 동시다발적 진행해야 합니다. 임원-팀장-회의 진행자(시니어급 실무자)들에게 동시에 메시지를 전달해야 합니다. 그렇지 않고 어떤 한 계층에만 집중할 경우 변화 효과는 미미하며, 바로 원복 될 가능성이 높습니다.

둘째, 기존 퍼실리테이션 프로그램과 달라야 합니다. 퍼실리테이션은 아주 유용한 도구라는 것을 잘 알고 있습니다. 하지만 기업에서 진행하는 회의에 적합한 툴이라고만 할 수는 없습니다. 조직의 비전을 수립하거나 장기적인 전략을 수립할 때는 적합할 수 있으나, 일상적 운영에서 마주치는 회의 안건을 중심으로 보면 퍼실리테이션 절차는 너무 우리의 기업 현실과 멀리 있습니다. 따라서 우리의 현실에 적합하게 커스터마이즈드 회의 교육이 필요합니다.

필자의 회사에서 진행하는 교육은 위에서 제시한 두 가지 관점에 집중하고 있습니다. 회의 교육은 '학습자가 무엇을 느꼈는가?'라는 질문보다는 '학습자가 무엇을 하기로 결심했는가?'가 더 중요합니다. 실제는 학습이 아니기 때문입니다. 학습의 목표는 행동의 변화이니까요. 행동에 초점을 맞춰서 그들이 무엇을 할지 물어봤습니다. 아래 내용은 학습자들의 행동 결심 내용입니다.

[회의 진행자 교육 이후 어떤 피드백이 나와야 하는가?]

- 회의의 필요성 및 효율성을 파악한 후 인텐시브(Intensive) 회의가 될 수 있도록 하겠다.
- 참석인원을 엄선하고 정시 시작하고 정시에 끝내겠다.
- 그라운드 룰 세 가지를 선정하겠다.
- 짧은 체크인 시간을 갖고 오늘의 회의 목적을 다시 한 번 상기시키겠다.
- 모두가 즐거운 회의가 될 수 있도록 즐거운 무드를 만들고자 노력하겠다.
- 참여 유도 방안을 생각하고 각 회의별 케이스에 맞게 진행하도록 하겠다.
- 회의를 만들기 위해서 '회의'의 흐름을 구성원들이 모두 인지할 수 있도록 하겠다.
- 그라운드 룰을 설정해서 회의 시작 전 참석자들에게 들려주겠다.
- 주도적 역할을 찾고, 효율적인 회의가 될 수 있도록 지속 고민하겠다.
- 회의시간 초두에 목적, 목표, 시간 계획을 미리 알리겠다.
- 회의 주제에 따라 사전 공지로 구성원이 생각할 시간을 주겠다.(즉각적인 회의를 자제하겠다.)
- 그라운드 룰을 통해 경청과 편한 의견 제시 분위기를 조성하겠다.
- 효율적인 시간 관리를 위해 자기 의견과 생각을 노트에 적어볼 수 있도록 하겠다.
- 회의 주제와 목적, 목표를 명확하게 이야기하고 절차 및 향후 진행사항을 잘 요약해서 알려주겠다.

위와 같은 교육이 이루어지기 위해서는 무엇을 해야 어떻게 구성하면 좋을까요? 각 대상별로 프로그램의 주요내용과 주안점을 다음과 같습니다.

프로그램	대상	주요내용
임원 교육 프로그램	임원	· 특강형태로 진행 · 임원의 역할과 책임에 중심을 둬서 진행함 · 모니터링 결과를 중심으로 정사례/오사례 위주 설명
팀장 교육 프로그램	팀장 전원	· 팀장의 역할과 책임 설명 · 팀 회의 리딩, 상위부서 회의 진행 등에서 팀장급 리더가 해야 할 일, 방법에 대해 습득
팀 세미나 교육 프로그램	전직원	· 팀 단위로 모여서 학습 · 제정된 회의 원칙을 조직에 어떻게 접목시킬 것인지 함께 고민 하는 시간으로 과정 구성
회의 진행자 교육 프로그램	1단계: 팀장 이상 2단계: 과장 이상	· 회의진행의 기본 철학 · 효율적인 회의 진행 방법론 · 우리 조직의 회의에 적용할 점을 파악하여 실천계획 수립
회의문화 개선 회의 원칙 도출 워크샵	전직원 (핵심 인재)	· 전사에서 핵심 인재를 사전에 선정하여 진행함 · 문제의식 공유 · 전사 차원의 회의 원칙 안 도출

구분	주요내용
생동감이 넘치는 조직 만들기	[설명] 왜 조직문화와 회의가 중요한가? 성장(성과)과 문화의 상관관계 – 일 – 협력/소통 – 실행 – 성과 – 경영목표달성의 순환구조 – 조직문화를 계승, 유지, 발전시키는 기업이 성장한다. – 조직문화는 어떻게 만들어지는가? [설명] 조직문화 혁신을 위한 기업들의 노력 – 국내기업: S사, H사, L사 등 – 해외기업: 애플, 구글, 아마존, 자포스 등 [사전 작성] 3년 후 우리회사는 어떤 소통문화를 가진 조직이었으면 하는가? – 예시] 우리는 최고 경영층부터 임직원들이 둘러앉아 기탄없이 어떤 주제, 어떤 질문에 대해서도 이야기를 나눌 수 있다. * 2~3줄 이내의 짧은 문장으로 정의 [질문] 무엇이 조직의 소통과 조직활성화를 방해하는가? – 효율적 토론을 위한 초점 질문 [토론1] 회사의 경영자, 관리자, 직원 사이를 가로막는 협곡은 무엇인가? [토론2] 소통의 경계를 어떻게 무너뜨릴 것인가?
회의를 바꿔야 소통이 잘 된다	[질문] 집단은 개인보다 현명한가? [질문] 어느 회사의 회의 Ground Rule인가? [설명] 주식회사 '조선'을 만든 CEO 세종은 토론과 참여를 통해 성과를 만들었다. [설명] 세종: 낙어토론(樂於討論)의 리더 국왕이 되자마자 세종이 하연에게 이르길 "내가 인물을 잘 알지 못하니, 함께 의논하여 벼슬을 제수하려고 한다." [설명] 소통과 조직활성화의 잣대: 회의 [설명] 왜 회의인가? [설명] 진짜회의 VS. 가짜회의 [영상] 회의 중 걸려온 한 통의 전화 [설명] 대한민국 회의문화만족 지수 45점 [설명] 회사의 회의문화 지수: 실제 데이터 중심 [영상] 회의에 대한 구성원의 VOC: 의견이 잘 안 나오는 이유 [토론] 더 활기찬 회의를 위해서 무엇을 해야 하는가? 없어야 할 회의, 미래지향적 관점에서 만들어져야 할 회의 회의에서 토론이 잘 안 되는 장애요소를 어떻게 제거할 것인가?
소통의 조직문화, 토론의 회의문화를 위한 임원의 역할	[설명] 소통활성화를 위한 기업들의 노력 [질문] 회의가 잘 되고, 소통이 잘 되기 위해서 내가 강조하고 있는 것은? [작성] 우리가 원하는 회의를 만들기 위해서 임원으로서 내가 할 일 [설명] 임원이 지켜줘야 할 것 : 토론과 참여 환경 조성 : 회의와 회의가 아닌 것의 명확한 구분 (목적 중심으로 진행할 수 있도록) : 용기를 내지 않고도 발언할 수 있는 문화 구축

구분	주요내용
가짜회의 VS 진짜회의	[질문] 주관하시는 회의 얼마나 만족하고 계십니까?(회의 만족도 데이터) [영상] 우리는 어떤 회의를 하고 있는가? **(#01. 목적이 명확하지 않고, 부정적 언어가 많이 사용되는 회의 모습)** [질문] 회의에 대해서 CA으로서 가지고 있는 문제의식은 무엇인가? : 만약 문제가 없거나 문제가 외부에 있다고 생각한다면 그것이 문제일 수 있다. [영상] 구성원들은 어떤 문제의식을 가지고 있을까? **(#02. 사전 인터뷰 방식으로 동영상 촬영 ㅣ 편집)** [영상] 요즘 젊은이들의 생각, 기성세대의 생각 [토론] 예전에는 말이야, 그런데 요즘은…. **[설명] 왜 회의문화가 강조되고 있는가?** 시장의 변화, 조직 내 구성원의 조직문화 인식 변화, 세대간의 차이 급격화 [설명/토론] 가짜회의 VS. 진짜회의
회의를 바꿀 수 있는 사람: 리더	[질문] 답답하게 진행되는 회의 누가 바꿀 수 있다고 생각하십니까? 가장 영향력이 큰 사람, 변화의 파급력이 큰 사람은 리더입니다. [설명] 우리가 해야 할 몇 가지 일들 - 회의 원칙에 관심을 가져주세요. - 목적이 명확한 회의가 될 수 있도록 목적을 알려주세요. - 점유율을 낮추고 참여할 수 있도록 회의 진행자를 독려해주세요. - 기존과 다른 변화를 주어보세요.(예: 모두 일어서서 화이트보드를 활용) [영상] 긍정적 표지를 많이 비친 회의 VS. 부정적 표지를 많이 비친 회의 [설명] 긍정어가 많을 때 참여도가 높아지고 아이디어도 풍성해진다. [마무리] 리더가 해야 할 가장 중요한 일 : 용기를 내지 않고도 자신의 의견을 펼칠 수 있는 문화를 만들어주는 것

구분	주요내용
	[질문] 회의, 얼마나 중요한가?
	[질문] 회의, 얼마나 만족하고 있는가?
	[설명] 우리가 동의하는 것: 중요하다. 그러나 만족스럽지는 않다.
1. 회의의 중요성 인식	효도도 의심스럽다. 차라리 안 하는게 시간 아끼는 것이다.
	[설명] 회의 서베이 결과 공유
	[설명] 회의를 잘 하기 위해 기업들은 어떤 노력을 하고 있는가?
	– 원칙을 만드는 회사, 프로세스를 만드는 회사, 모니터링 하는 회사 등
2. 회의 원칙 이해	[퀴즈] 회의 원칙 얼마나 알고 계신가요?: 블랭크 채우기 방식
	[토론] 우리 부서에서 잘 되는 것, 개선이 필요한 것(O △ X 로 체크 후 대화)
	[영상]우리는 어떻게 회의하는가?
	[설명] 가짜회의의 특성 – 어떤 것들이 지켜지지 않는가?
	[영상] 우리가 회사에서 하는 실수들 #1. 시간의 원칙편
	[설명] 시간을 원칙을 지키 위해서 해야 할 일
	[영상] 우리가 회의에서 하는 실수들 #2. 소통의 원칙편
3. 진짜회의, 가짜회의	[설명] 회의에서 소통을 잘 하기 위해서 지켜야 할 일
	[영상] 우리가 회의에서 하는 실수들 #3. 리더의 원칙편
	[설명] 리더라면 이렇게 회의해야 한다.
	[영상] 우리가 회의에서 하는 실수들 #4. 참석자의 원칙편
	[설명] 참석자도 지켜야할 것들이 있다.
	[영상] 진짜회의를 하는 사람들….
	[설명] 회의를 시작하기 전에 지켜야 할 것(회의 계획서의 기본)
4. 진짜회의 진행 방법	[설명] 회의를 시작할 때 해야 할 것(Check in하는 법)
	[설명] 회의를 마무할 때 해야 할 일(Check out하는 법)
	[설명] 회의가 끝났다고 끝난 것이 아니다.(실행을 체크하는 법)
	[작성] 우리 부서 이런 것부터 실천하면 좋겠다.(개인 작성)
5. 부서별 실천 다짐	[공유] 작성 내용 공유
	[합의] 최종 실천 계획 완성

[예시] 팀 세미나 교육 프로그램

구분	주요내용
진짜회의를 위하여	[질문/설명] 회의 얼마나 만족하고 있는가? 회의 원칙 얼마나 알고 있는가? 회의문화에 개선에 있어 팀장의 역할을 무엇일까? [설명] 진짜회의 VS 가짜회의 진짜회의를 만들기 위한 기업들의 노력: 최근 프로젝트 사례 [설명] 회의결행과 리더의 역할 : 회의를 바꿀 수 있는 사람은 리더이다.
회(會) 계획을 가지고 모인다는 것	[영상] #1. 발표를 위해 모인 회의 [질문] 과연 이것이 회의일까? [설명] Manager's Time VS. Player's Time은 다릅니다. 리더가 얻어가는 것 만큼 참석자들도 얻어가는 것이 있어야 한다. [설명] 회의 유형을 알고 유형에 따라 진행해야 합니다. [설명/체크] 회의의 6가지 유형(문제해결, 진척도 확인 등)과 우리가 많이 하는 회의(현재), 우리가 많이 해야 할 회의(미래) [설명] 사실 지금까지 회의는 진척도를 확인했고, 이슈를 해결했기 때문에 문제가 없었다. 그러나 앞으로는 그렇지 않다. 생각과 생각을 연결하여 창조적 가치를 만들어야 하는 상황이다. 그렇기 때문에 과정이 중요하다. [설명] 회의의 첫 단추: 왜 모이는지를 설계하는 것 [영상] #02. 방향이 흔들리면…(간단 설명 후 동시 다음 영상) [영상] #03. 참석자 선정은 [설명] 그래서 필요한 것이 '회의계획서': 방향과 대상 [실습] 회의 계획서 작성
의(議) 의견을 나누다는 것	[영상] #04. 참석자의 사전 준비 부족의 문제점 [설명] 계획이 잘 배포되고, 자료도 공유되면 되는가? 우리 회사 회의에서 가장 아쉬운 점 중 한 가지 – 노력과 관심이 필요한 영역 [설명] 만약 자료를 모두 읽지 않고 참여했다면 [질문] 회의에서 구성원들은 자기 주장을 잘 펼치는가? [설명] 회의를 통해서 구성원들의 역량을 평가할 수도 있다. 그래서 회의는 종합선물세트 같은 것이다. [질문] 그런데 과연 참석자의 역량만의 문제일까? 영상 한 편 보자. [영상] #05. 얘기한 사람이 담당이 되서… [작성] 의견이 잘 안 나오는 이유는 무엇인가? (주관자 관점, 참여자 관점) [영상] #06. 인터뷰 영상: 이래서 말하기 싫어요. [토론] 의견을 나오게 하기 위해서 도려내야 할 것은 무엇인가? [설명] 토론 내용 피드백 후, 이런 경우도 있습니다. 통제와 관리를 목적으로 하지만 사람들이 상처를 받는 회의도 있다. 타사 사례를 중심으로 재구성했다. [영상] #07. 인신공격성 언행 [토론] 의견을 모으기 위해서 나는 이렇게 한다.(좋은 사례 발굴)

[예시] 회의진행자 교육 프로그램

구분	주요내용
결(結) 결론을 낸다는 것	[영상] #08. 뭘 하라는 거죠? [질문] 영상 속 회의는 진짜회의인가? [설명] 결정단계에서 체크할 것 세 가지: 무엇, 누가, 언제까지 [영상] #09. 회의록 작성 [설명] 회의록이 아니라 회의실행계획서가 중요하다.

행(行)
 	
행동으로
옮길 수 있도록
돕는다는 것
	[영상/설명] 우리가 바꿔야 할 몇 가지
	1. [영상] # 10. 상위 리더의 생각만 전달하는 회의
	  [설명] 핵심 위주로 짧게 간단하게
	2. [영상] # 11 배려가 좋은 결과가 낳는 것은 아님
	  [설명] 건설적 갈등은 존중 받아야 함.
	예) 구글: 가장 좋은 아이디어가 이긴다.
	3. [설명] 다른 회사 사례
	  : 포스트잇 사용, 원칙 기록, 침묵의 벨,
	타이머, 스텐딩 회의 등
	[설명] 목적을 가지고 모일 사람만 모여서, 의견도 많았고, 결론도 명확했다고 회의가 끝난 것은 아니다. 회의의 궁극적인 목적은 의견이 아니다. 회의의 목적은 실행이다. 실행과정에 대한 팔로업은 리더의 책임입니다. 더불어 회의 우리 회사 회의 변화에 여러분이 선봉이 되어야 한다.
	[마무리] 잘 되는 회의를 위해서 리더가 해야 할 일
	: 팀장으로써 내가 노력해야겠다고 생각하는 것 정리(팀 회의시 공표)
	: 교육 후 팀 회의시 교육 내용 공유 1시간 이내
	: 우리 팀의 의견이 잘 나오기 위해서 노력해야 할 것은?

구분	주요내용
프롤로그	[설명] 프로젝트 배경, 워크샵의 취지
메인 워크샵	**들어가기. 진짜회의와 가짜회의** [질문] 진짜회의란 무엇인가? [토론] 내가 생각하는 이상적인 회의? – 직급별 토론 이후 직급별 정리 내용 전체 공유 [진단] 회의 일반 현황, 회의 프로세스와 인프라 진단 – 첨부 진단지 참고 **워크샵 1) 회의문화 문제의 핵심원인과 해결과제** [토론/작성] 회의 프로세스 내 문제점 도출 및 핵심원인 파악 [토론/작성] 진짜회의가 되기 위해서 보완해야 할 과제 **워크샵 2) 회의 원칙 만들기** [설명] 각 사의 회의 원칙: 벤치마킹 사례 [작성/토론] 우리 회사에는 이런 그라운드 룰이 있으면 좋겠다.
에필로그	[정리] 워크샵 내용 정리 및 관심 부탁

모니터링과 코칭은 어떻게 진행해야 하는가?

회의를 바꾸는 데 있어 가장 중요하고 효과가 있는 활동은 당연히 모니터링과 코칭입니다. 효과가 크고, 중요한 활동인 모니터링과 코칭은 가장 어려운 활동이기도 합니다. 우선은 강한 스폰십을 받아야 출발할 수 있습니다. 그리고 담당하는 사람 또한 용기를 가지고 제대로 접근해야 합니다. 필자는 프로젝트를 할 때 '목을 내어놓고 하는 일'이라고 설명하기도 합니다.

모니터링과 코칭 과정에서 선행해서 고민해야 할 것들이 있습니다.

첫 번째는 경제성입니다. 현실적으로 리더(임원, 팀장) 전원을 대상으로 하는 모니터링은 어려움이 있습니다. 따라서 표본선정에 주의하여야 합니다. 체계적 군집표본 추출cluster sampling방법을 활용하면 좋습니다.

두 번째는 관찰기술입니다. 모니터링은 관찰자의 편견과 해석이 들어갈 수 있습니다. 따라서 경험이 많고 학습되어 있는 사람이어야 하며, 구조화된 체크리스트가 있어야 합니다.

세 번째는 저항입니다. 현장, 피 관찰자의 저항이 있을 수 있습니다. 따라서 사전에 충분한 설명과 공감대를 확보 활동을 별도로 배정해야 합니다. 모니터링 대상과 회의 주제를 설정할 때는 아래 표를 참고하시면 효과적입니다.

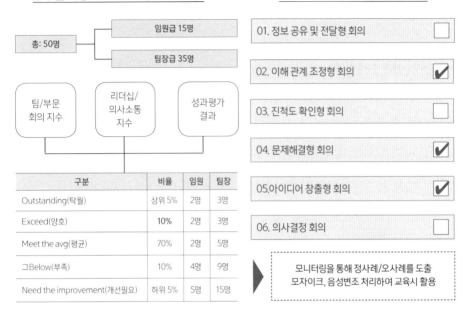

누구를 대상으로 모니터링 할 것인가?

총: 50명 ── 임원급 15명
         └ 팀장급 35명

팀/부문 회의 지수 / 리더십/의사소통 지수 / 성과평가 결과

구분	비율	임원	팀장
Outstanding(탁월)	상위 5%	2명	3명
Exceed(양호)	10%	2명	3명
Meet the avg(평균)	70%	2명	5명
그Below(부족)	10%	4명	9명
Need the improvement(개선필요)	하위 5%	5명	15명

어떤 회의를 모니터링 할 것인가?

- 01. 정보 공유 및 전달형 회의 ☐
- 02. 이해 관계 조정형 회의 ☑
- 03. 진척도 확인형 회의 ☐
- 04. 문제해결형 회의 ☑
- 05.아이디어 창출형 회의 ☑
- 06. 의사결정 회의 ☐

▶ 모니터링을 통해 정사례/오사례를 도출
모자이크, 음성변조 처리하여 교육시 활용

다음으로 모니터링 방법과 관찰내용에 대해서 말씀드리겠습니다. 모니터링은 직접관찰 기법과 촬영 기법이 있습니다. 물론 촬영과 직접 관찰을 병행할 수도 있습니다. 또한 촬영은 몰래카메라 방식 촬영과 오픈 카메라 방식의 촬영을 할 수 있습니다. 필자의 경험에 의하면 컨설턴트들이 직접 회의에 들어가서 관찰하고 이때 오픈 카메라 방식으로 촬영을 하는 것이 좋았습니다. 이후에는 1개월 사이에 촬영이 있을 것이다. 안내하고 몰래카메라를 설치하여 촬영하는 것도 카메라를 의식하지 않는 평소의 회의 모습을 볼 수 있기 때문에 효과적입니다. 모니터링을 통해 관찰하는 것은 회의 공간의 전반적인 분위기부터 시작하여 회의 석상에서 리더의 역할, 참석자의 참여도, 결론 명확성, 부정/긍정 언어의 사용 빈도 등이 있습니다.

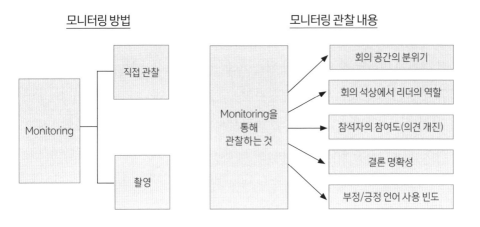

모니터링을 할 때는 늘 몇 가지 제약 요건이 있습니다. 우선 가장 큰 제약은 현업의 부정적 시각입니다. 카메라를 의식한 일종의 연기를 하는 경우도 있고, 약어나 전문용어의 빈번한 사용 등이 제약 요소입니다. 따라서 모니터링을 하기 전에는 현업부서장과 충분한 현업을 해야 합니다. 또한 참관해서 진행하는 회의인 경우에는 시작하기 전에 취지를 설명하고, 편안하게 진행할 것을 설명해야 합니다. 이때 모니터링의 목적은 평가가 아닌 행동의 변화임을 강조해서 말해주어야 합니다. 더불어 사전에 몇몇 팀원들을 만나서 분위기를 파악하기도 하고 모니터링 하는 사람에 대한 신뢰를 형성해두는 것도 좋습니다. 참관 모니터링을 할 때는 회의에 참여하는 사람들이 편안한 마음으로 평소같이 할 수 있도록 하기 위해 시작 이후에는 개입을 하지 않아야 합니다. 개입하지 않음에 대해서도 사전에 설명해주어야 합니다.

직접 참관하여 관찰해야 하는 상황에서는 몰래카메라나 오픈 관찰 카메라를 보다 효과적입니다. 우선 화면을 통해서 보내는 것보다 현장은 분위기를 느낄 수 있습니다. 회의를 시작하기 전 분위기부터 회의 진행 사항 중 분위기, 회의를 마친 후의 분위기까지 파악할 수 있습니다. 또한 회의 역동을 확인할 수 있습니다. 이때 온전히 회의 전체에 집중하기 위해서는 방해가 되는 요소를 제거해야 합니다. 개인적 경험에 의하면 가장 방해가 되는 요소는 앞에서 잠시 언급한 전문용어였습니다. 못 알아 들은 말은 있으면 관찰자는 그 말의 뜻을 해석하기 위해 머리를 굴립니다. 회의는 진행되고 있는데 여전히 과거에 머물러 있는 것이지요. 우선 사전에 용어에 대해 학습을 하고 들어가는 것이 필요합니다. 현장서 알아듣지 못하는 말이 있더라도 넘어가는 것을 원칙으로 하는 것이 좋습니다. 다음은 진행 프로세스입니다.

프로젝트 진행 프로세스

Phase I

모니터링

- Kick off M/T
  - 현황 이해 및 향후 진행 방향 협의
- 8개팀 회의 모니터링
  - 방식: 오픈카메라 촬영
    몰래카메라 촬영
  - 촬영 대상 인원과 방법에 대한 협의
- 회의 설문조사(해당팀 팀원 대상)
  - 기존 조사 자료 활용 가능
- 팀원 인터뷰
  - 해당 리더의 회의에 가장 많이 참여하는 사람들을 중심으로 하여 인터뷰 실시

Phase II

자료 분석

- 촬영본 Dication(DS에서 진행)
- 촬영 내용 모니터링/분석
  : 전체 내용 리뷰 후 피드백 포인트별 영상 편집 부분 체크
- 설문조사, 인터뷰 결과 분석
- 개인별 피드백 방법 설계

Phase III

코칭/결과 보고

- 일대일 코칭(개인별 2시간*2회)
  - 모니터링 분석 내용(영상을 보면서)
  - 설문조사 결과
  - 팀원 인터뷰 내용
- 최종 결과 공유회
  - 개인별 코칭 결과 레포트
  - 향후 발전 개선을 위한 제언 등

프로젝트가 효율적으로 진행되기 위해서 현업 담당자들과 사전 회의를 다음과 같은 형태로 진행하였습니다. 모니터링/피드백 프로젝트를 진행할 경우 참고하시면 됩니다.

  사전 미팅에서는 현업 담당자들이 프로젝트의 목적이 이해하고 최대한 프로젝트에 협조할 수 있는 분위기를 조성하는 것을 목표로 진행되어야 합니다.

회의 모니터링/피드백 프로젝트 관련 현업 담당자 미팅

① 참석자: 신현아, 김선영, 홍국주, 임주성, 최익성
② 일시: 5.30(금) 15:00~17:00(2시간)

Q1. 오늘 우리는 이 자리에 '왜' 모였는가?

현업 프로젝트가 어떻게 진행되는지 알기 위해
프로젝트팀이 모니터링 부서와 부서장을 이해하고
프로젝트팀이 회의 프로젝트에 대한 기대를 확인하기 위해서

Q2.오늘 미팅이 끝났을 때 기대하는 것은?

프로젝트의 성공을 위해 각자 단계별로 무엇을 할지에 대해서 명확하게 알아야 합니다.
컨택 포인트를 명확하게 하여 진행 과정에서 커뮤니케이션 오류가 생기지 않도록 하고자 합니다.

Q3. 어떻게 진행할 것인가?

시간은 17시까지 진행하겠습니다.
바로 프로젝트 진행 절차/방법 간략 설명하겠습니다. (10분)
이에 대한 의견을 나눕니다.(10분)
팀 현업 담당자와 사업부 담당자께서 정보 설명해주시고, 프로젝트에 대한 기대를 확인합니다. (각 팀별 10분 + 알파)

Q4. 무엇을 결정할 것인가?

모니터링과 피드백 일정
-오픈 카메라: 일시, 회의명, 목적, 의장, 참석자
-몰래카메라: 일시, 회의명, 목적, 의장, 참석자
-피드백 세션: 일시, 장소

[설명: 프로젝트 진행 방법] 진행: 최익성 박사 10분
  프로젝트는 08.04(금)에 마무리 하는 것으로 계획하고 있습니다.

  1. 모니터링(오픈 카메라, 몰래카메라)과 피드백 위주로 이루어지는 프로젝트입니다. (평가가 목적이 아닌 변화
     가 목적인 프로젝트입니다.)

  2. 오픈 카메라 방식의 모니터링에서는 회의 전에 취지를 설명하고(플랜비디자인) 시작하겠습니다.
   -사전에 일정 조율해서 플랜비디자인에 공유해주시면 일정 관리하여 참여할 예정입니다.(임주성)
   -몰래카메라 방식의 촬영은 조직문화팀에서 진행합니다.

  3. 회의가 진행한 후에 설문과 인터뷰를 진행하려고 합니다.
   - 설문: 3개 문항으로 정량은 필요성, 만족도를 확인하고, 정성은 '이 회의를 이렇게 바꾼다면..'이라는 기대를
         확인할 예정입니다.
   - 인터뷰: 당일 회의 참석자 중 3명은 개인별 15분 정도 인터뷰하고자 합니다. 10분씩
**미리 인터뷰 대상을 선정해서 말씀을 드려 주시면 좋겠습니다.
**회의 이후 미팅할 수 있는 공간이 확보가 필요합니다.

4. 피드백 세션은 촬영 후(오픈, 몰래 2편 촬영 완료) 10일 이내 진행할 예정입니다.
–피드백은 2시간 동안 진행할 예정입니다.
–피드백 진행은 처음에 30분은 현업 담당자가 함께 하고, 나머지 90분은 독대하는 방식으로 진행합니다.
–피드백에서는
: 촬영 영상을 중심으로 좋은 점과 고쳐야 할 점을 체크해서 알려드립니다.
: 설문, 추가 인터뷰 결과를 중심으로 이런 변화가 필요함을 설명 드릴 예정입니다.
: 회의를 바꾸기 위해서 리더로서 관심 가져야 할 일에 대해 설명 할 예정입니다.

–영상을 함께 볼 수 있어야 합니다. (보안 이슈로 영상 공유, 편집이 가능 고민되는 영역입니다.)
** 회의 주관자와 피드백 진행 일시를 어레인지를 부탁드립니다.
: 일정과 관련하여 현업담당자와 직접 커뮤니케이션하면 좋을 듯합니다. 어떠신지요?

[진행 방법 및 절차 등에 대한 의견/아이디어] 10분

[정보와 기대] 진행: 홍국주 선임, 각 팀별 설명 10분 + 필요시 Q&A 5분
질문1. 사업부가 하는 일과 해당 팀이 하는 일은 무엇인가요?

(촬영 대상 리더의 팀, 그룹이 하는 일을 중심으로)

질문2. 모니터링 하는(or 할) 회의는 무엇인가요?

질문3. 모니터링 하는(or 할) 회의의 의장은 어떤 사람인가요? (알고 있는 정보 내에서 그의 경험, 리더십 스타일, 회의진행방식, 문제점 등)

질문4. 모니터링/피드백을 통해 무엇이 변했으면 좋겠는가?

질문5. 프로젝트에 진행에 대한 궁금한 사항이나 제안할 사항은 무엇인가? 부족한 부분 질문(플랜비디자인에서 현업 담당자에게)

[가 일정 협의]
오픈 카메라:
몰래카메라:
피드백 세션:
컨택 포인트(담당자) 이름/연락처:

   사전 인터뷰는 해당 회의에 참여하는 사람들을 대상으로 하여 사전에 면대면, 또는 서면 인터뷰이를 실시합니다. 이때 목적과 목표를 분리해서 질문할 필요가 있습니다. 대부분 회의 참가자들은 '왜 모였는지요?'(목적)와 '회의가 끝났을 때 무엇을 얻을지?'(목표)에 대한 명확함이 없습니다. 그래서 더욱 분리해야 합니다. 목적과 목표를 적고, 목적과 목표에 대한 달성도를 확인합니다. 면대면 인터뷰를 할 때는 왜 그렇게 생각하는지 의견을 들을 수 있기 때문에 좋습니다. 다음으로 회의의 양과, 회의 전반에 대한 만족을 확인하는 것이 필요합니다. '주니어 구성원이 회의를 관찰한다', '만약 당신이 의장이라면..'이 두 질문은 제삼자의 관점에서 우리의 회의를 바라볼 수 있도록 돕기 위해서입니다. 안에 있는 사람은 자신의 문제를 직시하지 못하기 때문에 삼자 관점의 질문을 제시하는 것이 좋습니다.

   다음은 피드백해야 하는 '리더'에 대한 정보를 확인하는 하기 위한 질문입니다. 리더십 스타일, 그가 주관하는 회의에 대한 전반적인 생각, 변화 포인트를 중심으로 상세하게 정보를 사전에 획득하는 것이 필요합니다. 이 때 서면인 경우에는 5명 이상, 면대면인 경우에는 3명 이상을 대상으로 하는 것이 효과적입니다.

[참고] 사전 인터뷰 예시(1)

본인이 회의에 참여하는 목적에 대해 간략히 작성해주십시오. 유관부서와 정보공유, 부서 내 전략 일원화 등	최근에 참석한 회의의 목표는 무엇이었나요? 부서 내 업무관련 기준 통일화

전혀 그렇지 않다 ❶	그렇지 않다 ❷	대체로 그렇지 않다 ❸	보통이다 ❹	대체로 그렇다 ❺	그렇다 ❻	매우 그렇다 ❼

	설문문항	점수
01	본인이 기술한 회의의 목적을 달성하시나요?	1 2 3 4 5 6 7
02	본인이 기술한 회의의 목표를 달성하셨나요?	1 2 3 4 5 6 7
03	최근에 참석한 회의는 꼭 필요한 회의였나요?	1 2 3 4 5 6 7
04	최근에 참석한 회의에 대해 전반적으로 만족하는가?(만족도)	1 2 3 4 5 6 7

우리 부서의 회의를 다른 사람이 본다면 어떻게 평가할 것이라고 생각하나요? 주최자의 의견이 많이 반영되는 회의	만약 당신이 이 회의의 의장이라면 무엇을 바꾸겠는가? (횟수, 주기, 시간, 진행방법, 참여자 등 다양한 관점에서) 참석자 최소화 및 준비 간략화

우리는 팀장님(or 그룹장님)이 회의를 대하는 태도, 회의 진행 방식, 회의 횟수 등에 대한 변화가 일어날 수 있도록 하고자 합니다. 인터뷰에 응해주신 보고서와 인터뷰 내용에 대해서는 본인 공개되지 않도록 보호됩니다. 그건 저희 프로젝트팀의 의무이자 책임입니다. 크게 세가지를 여쭤보고자 합니다. 전략적인 리더십 스타일, 회의 진행에 대한 부문(설문 내용 중심), 회의를 바꾸기 위해서 하셨으면 하는 행동 이렇게 세가지 입니다.

리더십 스타일

- 전사적으로 이슈가 되었던 부문에나 강압적 커뮤니케이션보다 본인적인 발언은 하지 않으시고, 우리 조직문화에 맞는 인터뷰 이지가 있으시기 때문에, 표면적으로는 공정하고 진솔하고 구시대적이지 않은 리더의 모습을 보여주심

- 지점 내에는 수많은 업무가 존재하고 있는데, 그 업무를 분장하는 사람들에 대해서 전반적인 격려가 이루어진다기 보다는, 조직들에 대해서 우선순위가 높게 생각하는 업무를 담당하는 사람은 공석위가 낮은 업무 능력과 가치를 인정받는다는 생각을 하기가 어려운 문제는 해당 업무분이 모두가 참여한 회의 등에서 결정된 것이 아니기에 불만이 나올 수 자가 있는 것임

- 조직장과 업무를 한 기간이 길고, 연차가 낮은 조직원을 중심으로 조직장이 업무를 편하게 시키고 커뮤니케이션에서도 자주 하여 대부분 조직장이 전 조직원을 고르게 대한다는 느낌을 받기 어려움

회의에 대한 전반적 생각

- 우리 지점은 회의가 잦은 편이 아니며, 조직장이 필요할 때마다 소집되는 식의 무계획적인 회의문화를 가지고 있지도 않음. 이 부문은 매우 만족스럽다는(주, 1회 정기회의를 하고, 매우 시급한 상황이 있을 때에만 긴급 회의를 진행함)

- 이미 문서로 작성되어 메일로 공유된 사항들(주간보고, 각종 전사공지 등)을 조직장이 집어주고 구두로 재차 내용들을 언급하는 것이 회의의 주 내용인데 이미 다 공유된 사항을 굳이 회의를 반복하는 이유에 대해 해공감대가 형성되어있는지 모르겠는지 회의시간에 등기로는 회의시간에 대한 지점장의 멘트를 누군가에게 하지 않는 지점원의 부정적 평가가 있다고 함)

- 회의는 지점장이 강조하고 싶은 사항을 설명하고 공유하는 동시에, 지점원이 업무 중 겪고 있는 다양한 상황들도 공유하는 자리가 되어야 하지 않을까 생각하는데, 그런 부문은 공유 등이 되는 하나 업무에 사적대화(지점장이 없는 상태에는 소화되고 있음. 이것이 적절한 진지가 잘 모르겠음

변화 포인트

- 조직에서는 눈에 잘 드러나는 일(주로 각종 지표로 표현되는 일)이나, 문서로 남을 수 있는 일을 담당하고 잘 돋보이는 사람들도 있지만, 그렇지 않은 일을 묵묵히 해나가는 구성원도 있음. 그런 일이 하찮은 것이 아니라 우리 조직에 필요한 일임을 모두가 다같이 알고 하셨으면 하는데, 이를 통해 조직에게 동기부여하는 것이 회의자리에서 필요하다고 생각함

- 조직장을 통해 전달받는 팀/그룹의 방향과 주요 이슈를 전하는 것이나 현재 조직에서 주요 업무들을 수행해나가서 구성원이 겪는 어려움을 이야기하고, 서로 노하우를 공유하고, 의문점을 상호 해소하고, 해야 할 일들과 관련된 아이디어를 나누는 것처럼 조직 구성원들이 업무가 보다 활용직으로 진행될 수 있는 이야기들을 공식적으로 나누는 자리라는 역할도 지점의 회의가 수행할 수 있도록, 회의장이 조직생활에 찾아가는 관점에서 회의를 듣고 해결방법을 찾아나가는 관점에서 회의를 진행하면 좋겠음(우수사례나 노하우 공유 등이 시간이 있기는 하나 업무에 필요성을 느끼고 자연스럽게 이야기하는 자리가 아니라, 조직장 주도로 주제를 정하고 발표자를 정하는 식으로만 진행된 사례가 있었음)

　모니터링은 직접관찰과 촬영관찰로 구분됩니다. 촬영 관찰은 오픈 방식과 몰래카메라 방식으로 분류할 수 있습니다. 직접 관찰과 오픈 카메라 촬영을 병행하는 것이 가장 효과적입니다. 직접 관찰을 했을 때도 몰래카메라 촬영을 해두면 평소 모습과 연기한 모습을 구분할 수 있어 효과적이기도 합니다. 단 몰래카메라 촬영에 대해서는 사전에 본인에게 알려주어야 합니다. 실제 S사의 '1개월 기간 중 1회 정도 촬영할 것이다.'라고 알려주었습니다. 모니터링 영상을 보면서 우리는 분위기나 전체적인 집중도 등을 파악할 수 있습니다. 그러나 조금 더 정량적인 분석은 위해서 TQWC 분석을 합니다. Talk, Question, Word, Conclusion을 중심으로 한 분석입니다. 포함되는 내용은 아래와 같습니다.

[TQWC Analysis]

- Talk: 발언 점유율, 발언자유도 비율
- Word:긍정어, 부정어
- Question:질문빈도, 질문유형
- Conclusion:결론 도출, 재확인 등

피드백 세션은 어떻게 진행하는가?

피드백 세션의 진행 절차는 라포형성이 주제에 대한 몰입을 위한 오프닝 질문을 중심으로 시작합니다. 이후 영상의 중요 구간을 중심으로 모니터링 하면서 피드백을 하는 방식을 좋습니다. 이때 잠시 동안 정작이 흐를 수 있습니다. 침묵을 인내하셔야 합니다. 침묵의 시간만큼 피드백을 받는 사람의 생각이 깊어지고 무엇을 바꿔야 할지 생각할 수 있습니다. 본인의 생각으로 듣고, 피드백하는 사람의 입장에서 교정 행동을 중심으로 말씀드립니다. 이후 질의응답을 진행하고 사전에 준비한 레터를 공유한 후 마무리 인사를 하면 됩니다.

피드백 세션 예시(60분)

[오프닝 질문]
질문1. 회의에 대해 평소에 가지고 계셨던 생각은?
질문2. 회의를 할 때 많이 강조하는 것은 무엇인가?
질문3. 회의 전중후 측면에서 바꾸기 위해 노력하는 것은 무엇인가?

[모니터링 영상 보기]
중요 구간 위주로 넘기면서 진행

[피드백]
영상의 행동 중심 피드백
향후 변화/노력 필요 영역 중심 피드백(피드백 레터 참고)

[질의응답]
회의를 바꾸기 위해 노력하는 과정에서 어려운 점, 궁금한 점에 대한 질문과 답변 방식으로 진행

피드백 레터는 사전에 작성되어야 합니다. 통상 3~5가지 정도 내에서 핵심적으로 고쳐야 할 것이 무엇인지 찾아서 작성하는 것이 좋습니다. 예시의 내용을 참고하시면 도움이 될 것입니다

첫 번째 노력은 '참석자를 줄이는 것'입니다.

제가 봤던 회의 중 가장 많은 참석자가 있는 회의였습니다. (대부분 10명 이내) 다행스러운 것은 참석자가 많았지만 타부서의 회의에 비해 발표 이후에 토론이 활발한 편이었습니다. 그렇다 하더라도 너무 많은 사람은 전체의 집중도와 몰입도를 떨어지게 만드는 것 같습니다. 이를 그룹 에너지라고 표현하는데 방 안의 공기, 흐름, 분위기의 역동성을 발휘하기가 어렵습니다. 업무 진행사항을 관련 있는 사람들과 공유하는 것은 당연히 필요한 행위입니다. 하지만 너무 많은 참석자가 앉아서 몇 명의 발표자만 내용을 발표를 하고, 소수 인원이 참여하는 경우 자연스럽게 프리라이더가 발생할 수밖에 없습니다.

최대한 참석인원을 최소화하고 회의 중 공유/논의된 내용에 대해서는 딕테이션을 해서 공유하는 것이 효과적일 것으로 판단됩니다. 회의에는 필요한 사람만 참여하는 것이 합리적입니다. 회의 중 한 마디도 발언하지 않는다면 그 사람은 회의에 있을 필요가 없습니다. 단, 신입사원이나 업무를 파악하기 위해서 들어가는 경우를 제외됩니다. 회의에서 아무런 발언을 하지 않는 것만큼 의미 없는 일은 없습니다. 회의를 주재하는 사람은 모두가 의견을 낼 수 있도록 독려하고, 회의에 참여할 필요가 없다고 생각하는 사람은 회의 전 스스로 '이 회의에 참여하지 않아도 될 것 같다'고 말할 수 있는 문화를 조성해야 합니다.

두 번째 노력은 '마음의 속도를 늦추는 것'입니다.

우리 업의 특성과 팀의 특성을 감안할 때 현실적으로 무리라는 것을 잘 알고 있습니다. 그렇기 때문에 조금만 늦추는 노력으로 표현했습니다. 한 발짝만 물러서서 천천히 나아가면 어떨까요?

세 번째 노력은 '단호한 그라운드 룰'입니다.

예를 들면, '우리는 모두 생각하고, 말하고, 듣기 위해 이 자리에 있습니다. 회의에 집중하는 것은 참가자의 의무이자, 책임입니다.'라는 문장을 사전에 써서 회의장 벽에 붙여 놓는 것입니다. 모니터나 영사되는 곳에 큰 글씨로 써서 뒷사람들도 잘 볼 수 있게 하시면 좋습니다.

더불어 '우리 팀원은 회의장에서는 절대 자리를 뜨지 않습니다. 우리 팀원은 회의장에서 스마트폰을 사용하지 않습니다. 우리 팀원은 회의장에서 절대 다른 업무를 하지 않습니다.'와 같은 단호한 문장을 화이트보드나 전지 등에 미리 적어둡니다.

네 번째 노력은 '초점 질문을 만드는 것'입니다.

각 아젠다별 논의(토론)를 촉진하기 위해 핵심이 되는 질문을 도출합니다. 예를 들면 '현재 안건에 대해서 우리가 경쟁력을 확보하기 위해서 해야 할 일은 무엇인가?'라고 제시하시는 것입니다. 초점 질문도 미리 화이트보드나 전지에 적어주시면 좋습니다.

다섯 번째, 회의의 목적과 성공의 요건을 반드시 명기하고 선언하는 것입니다.

같은 사람들과 비슷한 주제로 자주 모이는 경우, 회의의 목적이 분명하지 않은 상황에서도 회의를 진행하는 경우가 종종 있습니다. 어떤 사람은 정보 취득이 목적인 회의로 알고 있고, 다른 사람은 사안에 대해 결정을 내리는 회의라고 생각한다면 효과적으로 회의를 진행할 수 없을 것입니다. (이런 경우 회의가 끝나고 '도대체 우리 왜 모인 거야?'라는 생각이 들게 합니다). 반면, 회의의 최종 목적을 명시적으로 제시하면 회의 참가자들에게 일관된 회의의 의도를 전달할 수 있게 됩니다. 이런 일관된 회의 목표를 재고시키는 방법으로 '다음의 것들을 이 회의를 통해 이룰 수 있다면 성공입니다 This meeting will be a success if…'로 회의를 시작하길 권합니다.

여섯 번째, 발표보다 논의에 집중하는 것입니다.

회의의 목적은 발표자가 얼마나 멋지고 수려하게 발표하는가가 아닌, 회의의 목적을 가장 효과적으로 달성하는 것입니다. 따라서 주제에 대한 발표보다 주제에 대한 논의가 더 중요합니다. 논의 시간을 최대화하기 위해서 발표 자료를 24시간 전에 회의 참석자들에게 보내는 것이 좋습니다. 미리 자료를 보내게 되면 회의 참여자 개개인이 자신의 속도와 시간에 맞추어 자료를 미리 숙지를 할 수 있습니다. 또, 회의에 들어가서는 5분 정도 침묵 정독 시간을 갖는 것도 좋습니다. 혹시 미리 읽지 못한 사람들에 대한 배려 및 회의 주제와 관련하여 생각을 정리하는 시간을 가지는 것입니다. 정독 시간이 지나면 발표자가 2~3분 내외로 회의의 목적과 발표 내용을 요약하여 설명한 후 논의 및 질의 시간을 가집니다. 이런 식으로 회의를 구성하게 되면 첫 5~10분을 제외하고 회의의 대부분 시간을 논의하는데 할애할 수 있습니다.

일곱 번째, 노트북 그리고 스마트폰 '반입금지(or 사용금지)' 입니다.

회의 중 노트북을 열어 이메일을 확인하고 스마트폰으로 딴짓을 하는 것은 상대에 대한 예의도 아니며 절대로 좋은 회의 결과를 기대할 수 없습니다. 꼭 필요한 경우가 아니면 회의 초대 이메일에 '***Please no laptops or cell phones***' 문구를 삽입하여 보내고, 또 회의를 시작하면서 'Let's close our laptops or smartphone' 라고 구두로 안내를 하여 모두 회의에 집중할 수 있는 분위기를 만듭니다. 이러한 간단한 회의 예절만 지켜도 엄청나게 높은 집중도를 달성할 수 있습니다.

플랜비디자인의 사명

플랜비디자인은 조직과 개인이
더 중요한 일을 발견할 수 있도록 돕고 있습니다.
더 중요한 일에 집중할 수 있도록 돕고 있습니다.
더 중요한 일을 잘 해낼 수 있도록 돕고 있습니다.

플랜비디자인의 일

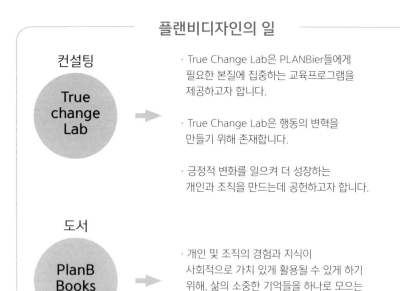

컨설팅

True change Lab

· True Change Lab은 PLANBier들에게
필요한 본질에 집중하는 교육프로그램을
제공하고자 합니다.

· True Change Lab은 행동의 변혁을
만들기 위해 존재합니다.

· 긍정적 변화를 일으켜 더 성장하는
개인과 조직을 만드는데 공헌하고자 합니다.

도서

PlanB Books

· 개인 및 조직의 경험과 지식이
사회적으로 가치 있게 활용될 수 있게 하기
위해, 삶의 소중한 기억들을 하나로 모으는
것을 돕기 위해 출판합니다.

컨설팅 | True Change Lab

플랜비디자인은 매번 프로젝트, 교육을 진행할 때마다
새로운 프로그램을 개발하고 운영합니다.

Leadership

· 진짜 리더십
· 일상 리더십
· 팀장 리더십
· 임원 리더십
· 차세대 리더 프로그램
· 핵심인재 프로그램
· 셀프리더십

Culture

· 진짜 회의
· 회의문화
· 수평 조직 만들기
· 세대공감
· 조직다움 만들기
· 일하는 방식의 변화

Team

· 팀 관계 강화 워크샵
　(AS ONE, 최고의 하나)
· 미션-비전 수립 워크샵
· 조직 문제 해결 워크샵

도서 | PlanB Books 저자모집

True Change Books

· 책 출간, 교육프로그램화를 동시에
　진행하여 HRD콘텐츠를 강화하고
　HRD담당자들의 PlanB를 돕기 위한
　목적으로 진행합니다.

· 다년 간의 HR경험을 보유하시고
　저술, 강연, 컨설팅에 관심 있는 분들,
　특정 HR 분야의 전문가 분들 환영합니다.

삶 그리고 선물 시리즈

· 모든 사람의 삶은 가치 있고 소중하다는
　작은 생각에서 출발합니다.

· 구조화된 인터뷰 기법을 활용하여
　본인의 삶을 기록하는 저자가
　될 수 있게 도와드립니다.

회의문화 혁신
〈가짜회의 당장 버려라〉 개정판

1쇄 발행 2019년 4월 22일
2쇄 발행 2020년 4월 27일

지은이 최익성
펴낸이 최익성
기획 홍국주
편집 임주성
마케팅 김선영, 임동건, 강송희, 송준기
마케팅 지원 황예지, 박주현
경영지원 이순미, 임정혁
교정·교열 신원기
펴낸곳 플랜비디자인
디자인 디자인빅웨이브, 신현아

출판등록 제2016-000001호
주소 경기도 화성시 동탄반석로 277
전화 031-8050-0508
팩스 02-2179-8994
이메일 planb.main@gmail.com

ISBN 979-11-89580-06-3

이 도서의 국립중앙도서관 출판예정도서목록(CIP)은 서지정보유통지원시스템 홈페이지(http://seoji.nl.go.kr)와 국가자료종합목록시스템(http://www.nl.go.kr/kolisnet)에서 이용하실 수 있습니다. (CIP제어번호 : CIP2019013149)